INTRODUÇÃO
À TEORIA DA LITERATURA

DO AUTOR

OBRAS

Teoria da Literatura, São Paulo, Editora Clássico-Científica, 1944, (10.ª ed. *ibid.*, id., 1975).

O Nobiliário do Conde D. Pedro. Sua concepção da história e sua técnica narrativa. São Paulo, Faculdade de Filosofia, Ciências e Letras da U.S.P., 1948.

El-Rei D. Duarte e o "Leal Conselheiro". São Paulo, Faculdade de Filosofia, Ciências e Letras da U.S.P., 1948.

História da Literatura Brasileira (Séculos XVI-XX). São Paulo. Edição Saraiva, 1954 (8.ª ed., 1974). Edição portuguesa, Lisboa, 1961; edição Checa, Praga, 1966.

Manuel Pires de Almeida. Um crítico inédito de Camões. São Paulo, Faculdade de Filosofia, Ciências e Letras da U.S.P., 1955.

A Literatura Brasileira, O Romantismo. São Paulo. Editora Cultrix, 5.ª ed., 1977).

Classicismo e Romantismo no Brasil. São Paulo, Conselho Estadual de Cultura, 1966.

Introdução à Teoria de Literatura. São Paulo. Editora Cultrix, 6.ª ed., 1986.

EDIÇÕES DE TEXTOS, ANTOLOGIAS E LIVROS DIDÁTICOS

Vieira. (Prefácio, seleção e notas.) São Paulo. Editora Assunção Ltda., 1946.

Os Lusíadas. Edição monumental. (Direção, prefácio e notas aos Cantos I e II.) São Paulo. LEP, 1956.

Vocabulário Ortográfico da Língua Portuguesa. Direção. São Paulo. LEP, 1956.

Panorama da Poesia Brasileira. Era luso-brasileira. (Direção, prefácio, colaboração e notas.) São Paulo. Editora Civilização Brasileira, 1959.

Iracema. (Prefácio, revisão do texto e notas.) Lisboa, Bertrand, 1959.

Alexandre Herculano. Obras Completas. (Direção e prefácio.) I volume, São Paulo, Edição Saraiva, 1959.

Memórias de um Sargento de Milícias. (Prefácio, revisão do texto e notas.) Lisboa, Bertrand, 1961.

Português. Antologia e gramática, I e II série ginasial. (Direção e colaboração.) Rio, Liv. Francisco Alves, 1960.

Presença da Literatura Portuguesa. História, crítica e antologia. (Direção e colaboração.) São Paulo. Difusão Européia do Livro, 1961, (4.ª ed., *ibid., id.*, 1974).

Obras de Cláudio Manuel da Costa. (Direção e prefácio. Texto de Ulpiano Bezerra de Meneses.) Lisboa, Bertrand, 1962.

Garrett. Frei Luís de Sousa. Viagens na Minha Terra. (Direção e apresentação.) São Paulo. Difusão Européia do Livro, 1965.

Vieira. Sermões. Problemas Sociais e Políticos do Brasil. (Seleção, apresentação, introduções e notas.) São Paulo. Editora Cultrix-INL/MEC, 1975.

D. Dinis, a Poesia Trovadoresca e a Dignificação da Mulher na Idade Média. Campinas, 1943. Separata.

Empós de uma Ciência Poética. São Paulo, 1949. Separata.

Investigação e Crítica. (A propósito de suposto autógrafo de Camões.) São Paulo, 1950. Separata.

Parnaso e Polícia. (Uma ignorada academia paulista do século XVIII.) São Paulo, 1951. Separata.

Uma "Matriarca" da Literatura Feminina Paulista. São Paulo, 1953. Separata.

Reconstituição da "Poesia" da Lírica Trovadoresca Por Meio da Declamação. São Paulo, 1954. Separata.

Perspective of Contemporary Brazilan Literature. Oklahoma, U.S.A., 1953. Separata.

Problemas e Aspectos Fundamentais da Literatura Brasileira. Lisboa, 1954. Separata.

Interpretação da Cultura Portuguesa na Atualidade. São Paulo, 1956. Separata.

Primeiros Passos da Camonologia no Século XVII. Hamburgo, 1956. Separata.

Neoclassicismo e Arcadismo. In: Afrânio Coutinho. (Direção de -), *A Literatura no Brasil,* I, 1, Rio de Janeiro, 1956.

A "Prosopopéia" de Bento Teixeira Pinto, à Luz da Moderna Camonologia. Lisboa, 1957. Separata.

In *Dicionário das Literaturas Portuguesa, Galega e Brasileira.* Direção de Jacinto do Prado Coelho. Artigos referentes às literaturas portuguesa e brasileira. Porto, 1956-1960.

In *Lexicon Der Literatur Der Gegenwart.* Direção de Erich Krois. Artigo geral e verbetes referentes à literatura brasileira. Friburgo, 1960.

In *Dicionário Enciclopédico Quillet.* Artigo Geral sobre a literatura brasileira. Buenos Aires.

Iracema e Átala. Assis, São Paulo, 1961, Separata.

A Literatura da Expansão Portuguesa Ultramarina e Particularmente Os Lusíadas *Como Principais Elementos Enformadores da Silva* À Ilha da Maré, *de Manuel Botelho de Oliveira.* Lisboa, 1966. Separata.

Os Europeus e a Formação do Espírito Nacional Brasileiro. Haia, 1966. Separata.

Análise de um Poema "Insignificante" — No meio do caminho — *de Carlos Drummond de Andrade.* Munique, 1968. Separata.

Relações Intelectuais Entre o Brasil e Portugal — um Documento Romântico. São Paulo, 1974. Separata.

Do Ensino da Literatura Medieval. Madison, 1975. Separata.

Recepção Acadêmica do Sr. Antônio Augusto Soares Amora na Cadeira n.º 30. São Paulo, Academia Paulista de Letras, 1975.

As "Farpas" de Eça de Queirós. In: "Studi in memoria di Giuseppe Carlo Rossi". Nápoles, Istituto Universitario Orientale, 1985, Sep

ANTÔNIO SOARES AMORA
(Da Universidade de São Paulo)

INTRODUÇÃO À TEORIA DA LITERATURA

EDITORA CULTRIX
São Paulo

Dados Internacionais de Catalogação na Publicação (CIP)
(Câmara Brasileira do Livro, SP, Brasil)

Amora, Antônio Soares, 1917-1999.
Introdução à teoria da literatura / Antônio Soares Amora. -- 13. ed. -- São Paulo : Cultrix, 2006.

Bibliografia.
ISBN 978-85-316-0208-5

1. Teoria literária I. Título.

05-8416 CDD-801

Índices para catálogo sistemático:

1. Literatura : Teoria 801
2. Teoria literária 801

O primeiro número à esquerda indica a edição, ou reedição, desta obra. A primeira dezena à direita indica o ano em que esta edição, ou reedição foi publicada.

Edição	Ano
15-16-17-18-19-20-21	09-10-11-12-13-14-15

EDITORA PENSAMENTO-CULTRIX LTDA.
Rua Dr. Mário Vicente, 368 – 04270-000 – São Paulo, SP
Fone: 2066-9000 – Fax: 2066-9008
E-mail: pensamento@cultrix.com.br
http://www.pensamento-cultrix.com.br

ÍNDICE

TERCEIRA PARTE

RELAÇÕES DA TEORIA DA LITERATURA COM OUTRAS DISCIPLINAS

Em memória dos meus sogros,

DULCE ELISA LOBO DA COSTA DE FIGUEIREDO e FIDELINO DE FIGUEIREDO.

Após a morte de ambos, quase simultânea, que assisti com a mesma dedicação e dor com que assisti a morte de meus santos Pais, iniciei, na casa de Alvalade (Lisboa), que deixaram vazia de suas extraordinárias e inolvidáveis presenças, este livro, destinado a nele expressar o meu comovido reconhecimento do que lhes fiquei a dever e a minha profunda admiração pelo modo como souberam viver e morrer, em paz com Deus, com os homens e com suas consciências.

PREFÁCIO

Tenho, há anos em sucessivas edições, uma Teoria da Literatura, *adotada no ensino secundário e em cursos introdutórios das Faculdades de Letras. O acolhimento que esta obra vem merecendo, de colegas e de estudantes, convence-me de que ela lhes tem sido útil. Mas se utilidade tem tido, para o referido público, essa teoria literária, o mesmo não creio ocorra com o grande público, mais interessado em se orientar diante da literatura e de seus problemas, que em estudar esses problemas sistematicamente. Por isso, pensei neste público, cada dia mais amplo e culto no Brasil, e para ele concebi esta* Introdução à Teoria da Literatura.

A organização desta obra é simples. Contém, inicialmente, uma Introdução Geral à matéria; numa segunda parte, apresenta as considerações essenciais sobre cada um dos assuntos de que se ocupam os teóricos da literatura (a obra, o autor, o leitor, etc.) e, numa terceira e última parte, considerações sobre as relações da Teoria da Literatura com os demais estudos Literários (a Análise Literária, a Crítica Literária e a Historiografia Literária) e com outras disciplinas (a Lingüística, a Estilística, a Psicologia, etc.).

Todos os capítulos desta obra foram organizados de modo a oferecer ao leitor: 1.º) uma introdução que facilmente o situará diante da matéria a ser tratada; 2.º) informações essenciais acerca dessa matéria; 3.º) conclusões de caráter geral, que se podem tirar, de pronto, dessas informações; 4.º) texto de um autorizado teórico, alusivo à matéria, destinado a introduzir o leitor na compreensão de obras mais especializadas de Teoria Literária ou textos que exemplificam tipos de obras literárias; 5.º) um questionário e um breve elenco de assuntos de indagação e de reflexão, indispensáveis a quem deseja passar da informação recebida ao plano das observações e cogitações pessoais.

Com tal organização, esta obra acabará por ser útil também aos cursos de Teoria da Literatura, ministrados nos colégios e no início das faculdades de Letras; portanto, aí pode ser adotada, e creio que com vantagem, como obra de iniciação ao estudo mais sistemático e profundo da matéria.

Para terminar, devo dizer que três preocupações me levaram a conceber este livro: 1.ª) familiarizar qualquer leitor com os chamados fatos literários, com os problemas que encontramos todas as vezes que refletimos sobre tais fatos, e com as principais teorias acerca desses problemas; 2.ª) levar o leitor a não confundir Teoria da Literatura (que é o estudo geral da literatura e de seus problemas) com outras disciplinas que também se ocupam de fatos literários — a Análise Literária, a Crítica Literária e a Historiografia Literária; 3.ª) levar o leitor a compreender que a Teoria da Literatura é, essencialmente, uma disciplina de reflexão sobre os problemas literários e não uma série de conceitos formulados pelos especialistas para serem decorados pelos que estudam a matéria.

Lisboa, junho de 1967,
São Paulo, dezembro de 1970.

ANTÔNIO SOARES AMORA

PRIMEIRA PARTE

NOÇÕES PRELIMINARES

CAPÍTULO I

QUE É A TEORIA DA LITERATURA

Sumário: Introdução. A Teoria da Literatura. A Teoria da Literatura e outros tipos de estudo dos fatos literários. Conclusão. *Questionário. Temas para indagação e reflexão. Leitura complementar.*

Introdução.

O conhecimento que temos de nós mesmos (de nosso organismo, de nossa psicologia) e da realidade que nos envolve (a sociedade e a natureza) pode ser prático ou teórico. O conhecimento prático é produto da natural experiência da vida, ao passo que o teórico é produto da elaboração mental dessa experiência, em termos científicos ou filosóficos. No caso particular da literatura, sabemos, por exemplo, que a poesia é lida de uma maneira e a prosa, de outra, e, portanto, pela prática distinguimos poesia de prosa. Mas se quisermos definir cada uma dessas formas, teremos de abstrair delas as características que essencialmente as distinguem, e daí chegar a uma definição geral e teórica de uma e outra.

Existe, portanto, um conhecimento prático e um conhecimento teórico dos fatos literários; e é esse conhecimento teórico, denominado Teoria da Literatura, que vamos procurar compreender.

A Teoria da Literatura.

Para entrarmos num ramo de estudo é necessário que saibamos: 1.º) quais são os "objetos" ou fatos que constituem seu campo de trabalho; 2.º) como se caracteriza o comportamento do estudioso diante desses "objetos"; 3.º) no que se distingue, esse comportamento, em face de outros comportamentos interessados nos mesmos "objetos". E se assim é, não podemos entrar no estudo da Teoria da Literatura, sem ter no espírito as seguintes noções:

1.º — Como existe uma vida animal, uma vida vegetal, uma vida política, uma vida artística, existe uma *vida literária;*

2.º — Se analisarmos a vida literária de um escritor, de um país ou mesmo da humanidade, encontraremos, como fato principal dessa vida, a *obra literária* (que pode ser um poema, um romance, um drama, etc.);

3.º — Ao lado desse fato principal, e com ele intimamente relacionados, existem outros fatos que formam a vida literária; é o caso do *autor,* do *leitor* e do *público* da obra; e é também, para irmos a realidades mais complexas, o caso do *ambiente cultural,* que se inter-relaciona com a obra, no momento de sua criação, e ao longo de sua vida, e o da *história literária,* que é a evolução de todos os fatos literários através do tempo.

4.º — Diante do fato literário principal, isto é, da obra literária, podemos adotar cinco tipos de comportamento: a) o de *leitor* (auditor ou espectador), interessado apenas em compreender a obra; b) o de *analista*, interessado em decompor a obra nos seus elementos, com vistas à compreensão profunda e rigorosa de sua forma e de seu conteúdo; c) o de *crítico*, interessado em julgar a obra segundo determinadas escalas de valor, como a artística, a moral, a intelectual; d) o de *historiador*, interessado em determinar a situação da obra em seu sistema histórico; finalmente, e) o de *teórico*, interessado em extrair da obra e de tudo o que com ela se relaciona, idéias gerais, e em elaborar essas idéias tendo em vista formular uma teoria acerca do que é essencial nos fenômenos literários.

A Teoria da Literatura resulta, portanto, de um específico comportamento diante dos fatos literários, o qual não se confunde com o comportamento do leitor comum, do analista de obras literárias, do crítico e do historiador da literatura. E resumindo o que fica explicado, diríamos que 1.º) a Teoria da Literatura tem como objeto de estudo todos os fatos literários; 2.º) tem, diante desses fatos, um comportamento específico (procura neles o que têm de mais geral); 3.º) com esse geral visa a elaborar um sistema de teorias.

A Teoria da Literatura e outros tipos de estudo dos fatos literários.

Como a Análise, a Crítica e a Historiografia literárias têm como objeto de estudo os fatos literários, algumas vezes a Teoria da Literatura foi confundida com estas disciplinas. Hoje tal confusão não é admissível, pois sabemos que cada uma das disciplinas dos Estudos Literários tem, diante dos fatos literários, comportamento ou métodos de trabalho e objetivos específicos. A Análise Literária se aplica a uma determinada obra e visa a explicar sua forma e seu conteúdo; a Crítica Literária também se aplica a uma determinada obra e visa a determinar seu valor; a Historiografia Literária se ocupa de todos os fatos literários (de uma época, de um país ou de toda a humanidade) e visa a explicar sua evolução; e a Teoria da Literatura, que também se ocupa de todos os fatos literários, procura neles o que têm de mais geral, e, com essas generalidades, visa a construir um sistema de teorias.

A Teoria da Literatura, portanto, não se confunde com outros estudos literários; mas isto não significa que não mantenha com eles (como veremos na última parte deste manual) íntimas relações.

Conclusão.

Destas noções já podemos tirar as seguintes conclusões, indispensáveis à compreensão e à prática da Teoria da Literatura: 1.°) diante de uma obra literária podemos comportar-nos de dois modos: como leitor comum, interessado apenas no prazer e na utilidade intelectual da leitura ou da audiência dessa obra, ou como profissional; 2.°) comportando-nos como profissional, temos de nos definir por um tipo de estudo literário (Análise, Crítica, Historiografia ou Teoria Literária); 3.°) escolhido um destes tipos, temos de saber qual seu objeto de estudo, seus métodos de trabalho e seus objetivos; 4.º) escolhida particularmente a Teoria da Literatura, temos de saber que ela se ocupa de todos os fatos literários, formula teorias sobre os aspectos mais gerais desses fatos e organiza essa teoria num sistema.

QUESTIONÁRIO

1. A teoria da Literatura é um tipo particular de conhecimento dos fatos literários. Quais são as características dêste tipo de conhecimento?
2. Quais são os objetos de estudo da Teoria da Literatura?
3. Além da Teoria da Literatura, que disciplinas se ocupam dos fatos literários?

TEMAS PARA INDAGAÇÃO E REFLEXÃO

1. Há, no âmbito de seu saber, algum campo de conhecimento especializado?
2. Se há, qual a natureza desse conhecimento: teórico ou prático?
3. Além de se interessar pela leitura das obras literárias já se preocupou, você, com explicar, teoricamente, o que é uma obra literária?

LEITURA COMPLEMENTAR

Acreditamos *[. . .]* que é possível fundamentar uma ***teoria da literatura*** *[. . .]* que estude as estruturas genéricas da obra literária, as categorias estético-literárias que condicionam a obra e permitem a sua compreensão, que estabeleça um conjunto de métodos susceptível de assegurar a análise rigorosa do fenômeno literário. Negar a possibilidade de instaurar este saber no mundo profuso e desbordante da literatura, equivale a transformar os estudos literários em desconexos esforços que jamais podem adquirir o caráter de conhecimento sistematizado.

Desta forma, a Teoria da Literatura, sem deixar de constituir um saber válido em si mesmo, torna-se uma disciplina propedêutica largamente frutuosa para os diversos estudos particulares e estes — estudos de História e Crítica literária — hão de contribuir cada vez mais para corrigir e fecundar os princípios e as conclusões da Teoria da Literatura.

Parece-nos, com efeito, que a Teoria da Literatura, para alcançar resultados válidos, não pode transformar-se em disciplina de especulação apriorística, mas tem de recorrer contínua e demoradamente às obras literárias em si: exige um conhecimento exato, concreto, vivífico do fenômeno literário. A disciplina que cultivamos não pode, sob pena de se esterilizar, erguer as suas construções segundo uma tendência filosofante que desconheça ou deforme a realidade histórica da obra literária.

A teoria da Literatura igualmente deve evitar uma tentação que arruinou e desacreditou a Poética e a Retórica dos séculos XVI, XVII e XVIII: a tentação de estabelecer regras que pretendam vincular o criador literário. Perante a diversidade histórica do fenômeno literário é absurdo emitir regras dogmáticas que pretendam assumir função normativa e judicativa. /.../ Não se trata de elaborar regras ou normas, mas sim de compreender, de organizar conceptualmente um determinado conhecimento acerca do fenômeno estético-literário.

Vítor Manuel de Aguiar e Silva, *Teoria da Literatura,* Coimbra, Livraria Almeidina, 1967, p. 31-33.

CAPÍTULO II

BREVE HISTÓRIA DA TEORIA DA LITERATURA

Sumário: Introdução. Evolução da Teoria da Literatura, da Antigüidade aos nossos dias. Conclusão. *Questionário. Temas para indagação e reflexão. Leitura complementar.*

Introdução.

Se para entrar no campo de uma disciplina é necessário saber quais são seus objetos de estudo e qual o seu comportamento diante desses objetos, não é menos necessário saber como tem evoluído essa disciplina e em que situação se encontra no momento em que entramos no seu estudo. Com tal conhecimento julgamos mais seguramente a contribuição de cada especialista, para a evolução dessa disciplina, e evitamos uma tomada de posição, diante de seus problemas, por ventura já superada.

Evolução da Teoria da Literatura, da Antigüidade aos nossos dias.

É sabido que as especulações acerca do fato literário surgiram na Antigüidade grega, e na época do grande desenvolvimento de sua filosofia, ocorrido nos séculos V e IV a.C.; lembro, a propósito, a *Arte Retórica* e a *Arte Poética* de Aristóteles, desde sempre, e ainda hoje, obras fundamentais para os estudos de Teoria da Literatura. E se quiséssemos definir, em termos essenciais, o sentido das especulações literárias dos gregos, poderíamos dizer que elas se voltaram, primeiro para o problema da caracterização da obra literária, com o que se procurou, então, distinguir a literatura da não-literatura; em segundo lugar, para a formulação de um conjunto de preceitos que deviam ser seguidos pelos escritores, a fim de que suas obras resultassem perfeitas, tanto no que respeitava à expressão, quanto no que se referia às regras estabelecidas para os gêneros literários em moda (o poema épico, os poemas líricos, a tragédia, a comédia, a oratória). Passados uns quatro séculos, os latinos começaram, como sabemos, a realizar uma literatura de incontestáveis valores, mas no fundo imitada dos modelos gregos; por isso, natural foi que seus teóricos continuassem a desenvolver as idéias de Aristóteles e de outros teóricos e preceptistas gregos; foi o caso, para citar apenas um exemplo, de Horácio, cuja *Arte Poética* veio a ter, na latinidade e através dos nossos séculos clássicos, um prestígio e uma influência até certo ponto iguais ao que logrou alcançar a obra de Aristóteles.

Com a Renascença, de que resultaram os referidos séculos clássicos (XVI a XVIII), a Teoria da Literatura experimentou considerável desenvolvimento, provocado, de um lado pelo dominante interesse desses séculos pelas literatura grega e latina; e, de outro, pela necessidade que tiveram, esses clássicos modernos, de defender os princípios de seu Classicismo, contra manifestações literárias, de tradição medieval, sobreviventes na época e em conflito com o mesmo Classicismo (caso da novela de cavalaria; do teatro popular; e da poesia de formas e temas tradicionais, como os romances e as cantigas). Deste modo, por necessidade da imposição das teorias literárias antigas, abundante resultou em ser a produção dos teóricos dos séculos XVI-XVIII; mas se assim foi, vistos no essencial de suas idéias, esses teóricos pouco acrescentaram às contribuições de Aristóteles e Horácio; veja-se, a propósito, a mais célebre e influente das teorias clássicas, que foi a *Arte Poética* de Boileau, publicada nos meados do século XVII.

Entrado o século XIX e sobrevindo o movimento romântico, que foi, sabidamente, uma revolução literária em todo o sentido anticlássica, natural foi que a Teoria da Literatura, posta diante de fatos literários completamente novos (como o drama histórico, o romance histórico, a novela sentimental, os poemas de forma livre, etc.) ou de fatos em que ainda não se tinha atentado (como as relações entre a literatura e a sociedade; entre a literatura e o meio ambiente físico, etc.) — natural foi, dizia, que a Teoria da Literatura viesse a ser muito diferente do que fora durante o Classicismo antigo e moderno: diferente, dado os novos objetos de estudo e diferente também nos objetivos, pois deixou de ter finalidade preceptística e didática, e passou a visar tão-só o conhecimento dos fatos literários. Lembro, como exemplos mais típicos da Teoria Literária do século XIX, um século progressivamente dominado pelo espírito científico, duas conhecidas obras: a de Mme. de Staël, *Sobre a Literatu-*

ra (1800) e a de Ferdinand Brunetière, *Evolução dos Gêneros* (1890).

Ao chegarmos ao fim do século XIX, podíamos dizer, com fundadas razões, que o cientificismo, que acabara por dominar até mesmo as disciplinas filosóficas, tinha promovido um extraordinário progresso da Teoria da Literatura, ampliando seu campo de estudos, definindo melhor seus objetos de análise e sistematizando seus métodos de trabalho; e nesse sentido tinha transformado essa disciplina, de especulativa e perceptiva que era, em uma "ciência" interessada tão-só no conhecimento *positivo* do fato literário. Mas se tal era justo dizer, doutro lado não se podia deixar de reconhecer, dada a profundidade a que chegara a intuição dos fenômenos literários, que o positivismo científico, de caráter materialista, parara aquém da *essência* desses mesmos fenômenos. Impunha-se, portanto, diante do fato literário primordial (a obra literária) e mesmo diante de outros fatos (como o estado criativo do autor, as reações psicológicas do leitor, etc.) um comportamento mais de tipo especulativo e filosófico, que analítico e científico. Nesse momento, natural foi que a Teoria da Literatura viesse a retomar, ao lado do sentido científico, iniciado no século XIX, o sentido filosófico; e estes dois sentidos vieram a caracterizar a Teoria Literária na primeira metade do nosso século.

Conclusão.

Da história das teorias literárias, desde a Antigüidade grega e latina até o fim do século XIX, podemos tirar três conclusões:

1.ª — O estudo dos aspectos e problemas gerais da literatura se fez, durante vários séculos, em mais de uma disciplina — na Poética, na Retórica, na Estética e na História Literária — e dado este fato, difícil se torna, aos principiantes, acompanhar a evolução desse estudo.

2.ª — Se quisermos reduzir essa evolução a idéias essenciais podemos dizer que os teóricos da literatura visaram, nos séculos clássicos (antigos e modernos), sobretudo a indicar, aos escritores, um caminho para atingir o que então se idealizava como perfeição literária; e que no século XIX visaram a demonstrar que cada civilização produz um tipo de literatura e que as literaturas, nas suas formas, nos seus gêneros, evoluem através do tempo, e daí não se poderem tomar as teorias clássicas como absolutas e universais.

3.ª — No fim do século XIX começou a revisão das idéias de seus teóricos e com essa revisão teve início uma nova época da Teoria da Literatura.

QUESTIONÁRIO

1. Quando surgiram as primeiras teorias a respeito da literatura?
2. Através de quantas fases evoluiu a Teoria da Literatura, desde a Antigüidade até o fim do século XIX?
3. Qual a diferença, quanto ao objetivo, entre a Teoria da Literatura durante o Classicismo (antigo e moderno) e a Teoria da Literatura durante o século XIX?

TEMAS PARA INDAGAÇÃO E REFLEXÃO

1. Se você desejasse escrever um romance, começaria por estudar as teorias a respeito deste gênero literário? Acha que essas teorias ajudariam você a realizar sua obra, ou acha que só o talento literário e a vocação para a ficção fariam de você um romancista?
2. Se você pretendesse especializar-se em Teoria da Literatura, começaria por estudar a evolução desta disciplina? Por quê?
3. Uma obra literária que está diante de seus olhos, por exemplo, um poema, é evidentemente um fato concreto; mas a psicologia do autor da obra é um fato concreto ou abstrato? Se é abstrato, você poderia analisar essa psicologia concretamente (como analisa um verso) ou teria de se limitar a refletir sobre esse fato?

LEITURA COMPLEMENTAR

ARTE POÉTICA (de Aristóteles)

Capítulo XIII

Das qualidades da fábula em relação às personagens. Do desenlace.

Que fim devem os poetas ter em mira ao organizarem suas fábulas, que escolhos devem evitar, que meios devem utilizar para que a tragédia surta seu efeito máximo, é o que nos resta expor, depois das explicações precedentes.

A mais bela tragédia é aquela cuja composição deve ser, não simples, mas complexa, aquela cujos fatos, por ela imitados, são capazes de excitar o temor e a compaixão (pois é essa a característica deste gênero de imitação). Em primeiro lugar, é óbvio não ser conveniente mostrar pessoas de bem passar da felicidade ao infortúnio (pois tal pintura produz, não temor e compaixão, mas impressão desagradável); nem homens maus passando do crime à prosperidade (de todos os resultados, este é o mais oposto ao trágico, pois, faltando-lhes todos os requisitos para tal efeito, não inspira nenhum dos sentimentos naturais ao homem, nem compaixão, nem temor); nem um homem completamente perverso deve tombar da felicidade no infortúnio (tal situação pode suscitar em nós um sentimento de humanidade, mas sem provocar compaixão ou temor). Um dos casos diz respeito ao que não merece tornar-se infortunado; o outro diz respeito ao homem semelhante a nós; a compaixão nasce do homem injustamente infortunado; o temor nasce do homem nosso semelhante, de sorte que o acontecimento, neste caso, não inspira nem compaixão nem temor. Resta entre estes casos extremos a situação intermediária: a do homem que, não se distinguindo por sua superioridade e justiça, não obstante não é mau nem perverso, mas cai no infortúnio em conseqüência de qualquer falta. *[. . .]*

Aristóteles, *Arte Retórica* e *Arte Poética*, São Paulo, Difusão Européia do Livro, 1959, p. 293.

CAPÍTULO III

ESTADO ATUAL DA TEORIA DA LITERATURA E IMPORTÂNCIA DE SEU ESTUDO

Sumário: Introdução. Estado atual da Teoria da Literatura. Importância de seu estudo. Conclusão. *Questionário. Temas para indagação e reflexão. Leitura complementar.*

Introdução.

Quando se acompanha a história de um ramo do conhecimento e se chega ao estado atual de sua evolução, não se deve pensar que tal conhecimento alcançou o auge de suas conquistas e, portanto, o fim de sua história. E não se deve pensar assim, porque todos os tipos de conhecimento estão em constante evolução, isto é, cada dia dominam mais a fundo a natureza de seu objeto de estudo e com isso seus especialistas são obrigados a reformular princípios, métodos de trabalho e objetivos. É, como veremos a seguir, o que se está a dar com a Teoria da Literatura.

Estado atual da Teoria da Literatura.

Como disse no fim do capítulo anterior, a Teoria da Literatura acabou por ficar, na primeira metade de nosso século, dividida em duas correntes de trabalho: uma, de caráter científico, e outra, de caráter filosófico.

A corrente de caráter filosófico foi aquela que partiu do princípio de que o fenômeno literário — por exemplo, uma obra — se é uma realidade material (pensemos num livro impresso) tem, contudo, uma essência abstrata (pensemos no conteúdo desse livro); e sendo abstrata, essa essência, não podemos analisá-la objetivamente; temos de analisá-la e tentar defini-la no plano exclusivo das idéias. Do mesmo modo que é abstrato o conteúdo de uma obra literária, bem como seus valores artísticos, abstrata é a essência do ato criador dessa obra; o escritor é uma pessoa (que podemos ter diante de nós ou conhecer pela biografia), mas o processo criativo que produziu sua obra estava no seu interior, com imensa complexidade psicológica e com incógnitas de toda ordem, sobre as quais só podemos cogitar em termos filosóficos. E o que se diz da obra e do autor, isto é, que suas essências são abstratas e, portanto, apenas cogitáveis, se diz de outros fatos literários, como é o leitor (dentro do qual se processa o ato recriativo da obra), como é o ambiente cultural de uma obra (constituído de sentimentos e de idéias) e, por fim, a história literária (que é uma evolução desses sentimentos e idéias). Partindo destes princípios se definiu e se impôs, na primeira metade de nosso século, a corrente de teoria literária que se denominou a si Filosofia da Literatura.

Em oposição a esta corrente se definiu, na mesma época, a corrente que se denominou a si Ciência da Literatura. Teve, como vimos, sua origem no século XIX, e se fundou nos seguintes princípios: não há, nos fatos literários, nada que possa escapar a uma análise objetiva e científica; a obra é uma realidade concreta, na apresentação escrita ou falada, e tudo podemos saber dessa realidade, desde que analisemos rigorosamente sua estrutura; a criação literária é sempre um empenho expressivo do autor, traduzido num estilo e em composições perfeitamente definíveis nos seus propósitos e resultados; o comportamento do leitor ou auditor é, pelo seu lado, um empenho de compreensão, igualmente definível nos procedimentos e resultados; o ambiente das obras e a história literária são fatos históricos pesquisáveis e caracterizáveis objetivamente.

Passada a primeira metade do século e estabelecida a conciliação entre o conhecimento científico e o filosófico, os teóricos da literatura acabaram também por conciliar suas antagônicas direções de trabalho; e o fizeram nos seguintes termos: para se especular sobre os fatos literários (por exemplo, que é a literatura?; por que existem gêneros literários?; etc.) é indispensável partir de dados concretos (pesquisados e analisados com métodos científicos); mas todas as pesquisas e análises de dados literários partem de hipóteses de trabalho de caráter especulativo. Ciência da Literatura e Filosofia da Literatura são, portanto, dois níveis de trabalho que se completam e formam uma só disciplina, que é a Teoria da Literatura.

Mas o importante, na evolução da Teoria da Literatura, em nosso século, não foi apenas essa conciliação da Ciência da Literatura com a Filosofia da Literatura; foi, também, a individualização da Teoria da Literatura em relação aos demais campos de estudos literários, a Análise, a Crítica e a Historiografia Literária, e nesse processo de individualização a definição das relações da Teoria da Literatura com os citados ramos dos estudos literários e com outras disciplinas, como a Lingüística, a Estilística, a Psicologia, a Sociologia, etc.

Chegada ao presente estágio de evolução, a Teoria da Literatura (como disse de início) não perdeu seu dinamismo evolutivo: como ocorre com os demais ramos do saber, diante de cada fato literário faz cada dia novas indagações e reflexões e procede a novas pesquisas e análises.

Importância do estudo da Teoria da Literatura.

Na Antigüidade e durante os séculos clássicos das literaturas modernas, a Teoria Literária, dado seu caráter perceptivo, era matéria de estudo obrigatória para os que pretendiam ser escritores; seus postulados e suas regras eram ensinados nas escolas e impostos nas academias literárias (abundantes nos séculos XVII e XVIII), pois se aceitava que tais postulados e regras, uma vez seguidos, levariam um escritor a produzir uma obra perfeita. A partir do século XIX passou-se a defender a liberdade criativa dos escritores e a valorizar seu poder inventivo, em matéria de assunto, de formas literárias e de estilo. A Teoria da Literatura deixou, portanto, de ter qualquer sentido na formação e orientação dos escritores e passou a ser uma disciplina com interesse apenas para os estudiosos da literatura (críticos e historiadores). Recentemente (entre nós a partir dos anos de 1930), dado o desenvolvimento do ensino da Literatura, no ciclo colegial e nos cursos superiores de Letras, a Teoria da Literatura voltou a ser matéria obrigatória nos currículos escolares, mas com uma finalidade diferente da que lhe deram nos séculos clássicos: não é ensinada para formar escritores; é ensinada tão-só para orientar futuros estudantes de Literatura, pois dá, a esses estudantes, noções fundamentais sobre os fatos literários (a obra, o escritor, o leitor e o público, os ambientes literários e sua história), indispensáveis à compreensão da mesma Literatura. E como o grande público cada dia mais se interessa pelo que ocorre na vida literária (obras que se publicam, novas tendências literárias, discussões sobre o valor de determinado escritor) acabou, também esse grande público, por ver na Teoria Literária uma disciplina que orienta para a compreensão da literatura. E aqui está a importância, em nossos dias, do estudo da Teoria Literária: é matéria propedêutica ou introdutória de qualquer tipo de estudo sistemático da literatura (caso da Análise, da Crítica e da Historiografia Literária) ou de qualquer tipo de interesse pelo que ocorre na vida literária.

Conclusão.

Do que fica dito se conclui que a Teoria da Literatura é hoje uma definida disciplina do campo dos Estudos Literários (de que fazem parte também a Análise, a Crítica e a Historiografia Literária); é uma disciplina que se desenvolve em dois níveis de trabalho, um de caráter científico (orientado no sentido da pesquisa e da análise dos fatos literários) e outro de caráter filosófico (orientado no sentido da formulação de hipóteses de trabalho e de teorias sobre os resultados desse trabalho) e, finalmente, é uma disciplina que, embora do domínio de especialistas, está-se generalizando, nos meios escolares e junto do grande público, como uma indispensável introdução à compreensão da literatura.

QUESTIONÁRIO

1. Qual a relação, no estado atual da evolução da Teoria da Literatura, entre a Ciência da Literatura e a Filosofia da Literatura?
2. No estado atual da evolução da Teoria da Literatura, têm, esta disciplina e as demais disciplinas dos Estudos Literários, uma individualidade?
3. A Teoria da Literatura, na sua evolução, chegou a um estado estacionário ou continua a desenvolver suas pesquisas, análises e formulações teóricas?

TEMAS PARA INDAGAÇÃO E REFLEXÃO

1. Se você julga uma obra e procura se informar sobre sua história, você trabalha no campo da Teoria Literária ou doutras disciplinas?
2. Se você tiver de dizer o que é a poesia e em que sentido a obra poética se distingue da obra em prosa, você recorrerá à Teoria da Literatura ou à Crítica Literária?
3. Reflita sobre o seguinte: por que a Teoria da Literatura (como todas as formas de conhecimento) está em constante evolução?

LEITURA COMPLEMENTAR

[Como entender, hoje, a Teoria da Literatura]

Os românticos e a maior parte dos críticos modernos nunca se cansam de sublinhar a particularidade da poesia, a sua "textura", o seu caráter concreto. É preciso reconhecer, porém, que toda e qualquer obra literária é simultaneamente geral e particular, ou — talvez com maior exatidão — simultaneamente individual e geral. Pode distinguir-se entre a individualidade por um lado, e a particularidade e unicidade, por outro. Como todo ser humano, cada obra de literatura tem as suas características individuais; mas compartilha também de propriedades comuns a outras obras de arte, tal como cada homem tem traços comuns a toda a humanidade, a todos aqueles que pertencem ao seu sexo, à sua nação, à sua classe, à sua profissão, etc. Podemos assim generalizar, a respeito de obras de arte, teatro isabelino, todo o teatro, toda a literatura, toda a arte. Tanto o Criticismo Literário (= Crítica Literária) como a História Literária visam caracterizar a individualidade de uma obra, de um autor, de um período, de uma literatura nacional. Mas esta caracterização só em termos gerais e com base numa teoria literária pode ser realizada. A Teoria da Literatura, como um "organon" de métodos, é a grande necessidade da formação literária de hoje.

René Wellek e Austin Warren, *Teoria da Literatura,* Lisboa, Publicações Europa-América, 1962, p. 22.

CAPÍTULO IV

PRINCÍPIOS, OBJETOS E OBJETIVOS DA TEORIA DA LITERATURA

Sumário: Introdução. Princípios em que se funda a Teoria da Literatura. Objetos de estudo da Teoria da Literatura. Objetivos da Teoria da Literatura. Conclusão. *Questionário. Temas para indagação e reflexão. Leitura complementar.*

Introdução.

Compreendida a Teoria da Literatura como um tipo de conhecimento teórico dos fatos literários; compreendida a evolução desta disciplina, desde a Antigüidade aos nossos dias, e compreendido, finalmente, que hoje os teóricos da literatura trabalham integrando Ciência da Literatura com Filosofia da Literatura e individualizando cada campo de estudos literários (Teoria, Análise, Crítica e Historiografia Literária) — podemos sistematizar os princípios em que se funda a Teoria Literária, quais os objetos com que trabalha e quais os objetivos que visa a alcançar.

Princípios em que se funda a Teoria da Literatura.

Para seus trabalhos de investigação e análise, e para suas ulteriores especulações, os modernos teóricos da literatura se fundam nos seguintes princípios ou postulados:

1.º — O estudo teórico de um fato literário, como por exemplo, a obra literária, o ato criador do artista ou as reações do leitor diante de uma obra, justamente por ser teórico não pode confundir-se com outros tipos de tratamento dos mesmos fatos, como são o tratamento analítico (próprio da Análise Literária), o tratamento crítico (próprio da Crítica Literária) e o tratamento historiográfico (próprio da Historiografia Literária).

2.º — O estudo teórico de um fato literário pode ser feito em dois níveis de conhecimento: o nível científico e o nível filosófico. No nível científico o fato literário é considerado apenas nos seus aspectos analisáveis objetivamente; por exemplo: a forma ou estrutura da obra literária; os comportamentos de um leitor, ou do público por influência de obra; etc.; e as conclusões de tal estudo objetivo dos fatos literários são levadas apenas até o ponto a que sua análise permite chegar. No nível filosófico consideram-se, dos fatos literários, aqueles aspectos que já não são analisáveis objetivamente, mas têm de ser admitidos como "realidade"; por exemplo: a vocação literária; o ideal de belo literário; o estado emocional provocado por uma obra, etc.; e aqui as conclusões do teórico, dado seu caráter especulativo, podem ir muito mais longe que as dos cientistas da literatura.

3.º — Para o estudo do fato literário no nível científico ou no nível filosófico é indispensável partir da análise dos aspectos objetivos do mesmo fato, o que significa que as especulações filosóficas acerca de realidades abstratas da vida literária, têm de estar fundamentadas em conhecimento científico daquilo que nessas realidades é conhecível cientificamente. Por exemplo: para refletir sobre vocação literária, que é um dom inexplicável (pelo menos no estado atual de nossos conhecimentos) é necessário partir de análises rigorosas da psicologia artística; para refletir acerca do belo literário, em termos de uma filosofia estética, é indispensável partir da análise das qualidades das obras consideradas belas.

4.º — Para a análise objetiva de um fato literário temos sempre de estar orientados por um método de trabalho; tais métodos variam de acordo com o objeto a ser analisado (uma obra; o ato psicológico que criou essa obra; uma moda literária, etc.) e também vão variando à proporção que progride o conhecimento do mesmo fato. Esses métodos são concebidos e postos em prática por uma ciência literária própria — a Análise Literária — e os teóricos da literatura têm de conhecê-los e saber aplicá-los.

5.º — Como o conhecimento literário progride constantemente, e como a literatura está em constante variação, fácil é compreender que a Teoria da Literatura tem de ser (tanto quanto outras formas do saber) uma disciplina em permanente progresso. Por isso, quando a estudamos, procuramos compreender sua evolução, seu estado atual e, na medida em que isso for possível, suas perspectivas.

Objetos de estudo da Teoria da Literatura.

Todas as ciências e todos os ramos da Filosofia têm um objeto de estudo primordial e outros objetos relacionados com este, aos quais podemos dar o nome de secundários.

No caso da Teoria da Literatura o objeto primordial é a *obra literária,* e os secundários são: o *escritor,* o *leitor,* o *público* (entidade coletiva), o *meio ambiente cultural da obra* e a *história literária* de que ela faz parte.

Como qualquer destes objetos de estudo, uma vez analisados, revelam (como veremos adiante) grande número de aspectos, e como de todos eles tem, o teórico da literatura, de extrair idéias gerais, resultou a Teoria da Literatura em ser uma disciplina extremamente complexa. E dada essa complexidade, indispensável se torna, no seu estudo, arrumar seus objetos numa ordem quanto possível prática. E a ordem mais prática é a que põe esses objetos na seguinte seqüência:

1.º — a obra literária;

2.º — o autor;

3.º — o leitor (ou auditor), sem o qual nem a obra, nem o autor ocorreriam;

4.º — o público, que não é tão-só uma soma de leitores (ou auditores), mas também uma entidade coletiva ou um grupo social, com seu peculiar comportamento;

5.º — o meio ambiente cultural, que envolve a obra no momento de sua criação, exercendo influência sobre essa criação;

6.º — a história literária, que é a interação dos citados fatos literários e sua evolução no tempo.

Pode-se ainda tomar como objeto de estudo da Teoria da Literatura suas relações com os demais estudos literários (a Análise, a Crítica e a Historiografia Literária) e com outras disciplinas que ajudam a compreender seus objetos de estudo (a Psicologia, a Lingüística, a Estilística, a Sociologia, a História, a Filosofia, a Ética, a Estética).

Objetivos da Teoria da Literatura.

Em princípio, o que visam os teóricos da literatura é formular um conhecimento organizado e em termos de idéias gerais, a respeito de todos os fatos literários, o primordial e os secundários, e oferecer, com esse conhecimento, que está em constante progresso, uma orientação aos demais estudos literários. Com razão, portanto, se diz que a Teoria da Literatura é uma Introdução aos Estudos Literários, e por esse motivo é ela ensinada em todos os cursos de literatura, como uma espécie de propedêutica desses cursos. Mas se assim é, não levemos este raciocínio até ao ponto de concluir que a Teoria da Literatura é uma disciplina menor e subordinada às demais disciplinas literárias. Tal conclusão estaria errada, pois a Teoria da Literatura (não importa sua utilidade e seu lugar nos currículos escolares) é um ramo de conhecimento que tem seus próprios interesses, científicos e especulativos.

Conclusão.

Compreendidos os princípios em que se funda, os objetos que estuda e os objetivos a que visa a Teoria da Literatura, bem como sua evolução histórica e seu estado atual, estamos agora em condições de compreender como esta disciplina trabalha cada um dos seus objetos, isto é, a obra, o autor, o leitor, o público, o meio ambiente cultural e a história literária, e que teorizações e especulações decorrem dos resultados desses trabalhos. Mas antes dessa compreensão, que decorrerá da leitura dos capítulos que se seguem e constituem a segunda parte deste manual, temos de tirar uma conclusão do que fica dito ao longo dos quatro capítulos desta Introdução Geral à Teoria da Literatura: o que fica dito é a sistematização de uma longa e intrincada história da Teoria da Literatura e, por fim, uma sistematização de várias tentativas que se fazem em nossos dias para definir com rigor os objetos de estudo, os métodos de trabalhos e os objetivos desta disciplina. Não concluamos, entretanto, que estas sistematizações já nos habilitam a compreender todas as obras de Teoria Literária, escritas desde Aristóteles aos dias de hoje; as sistematizações lidas (dado o caráter deste manual) são simplificadoras, e as referidas obras têm sua natural complexidade e por vezes especiosidade de problemas. Esta Introdução Geral — concluamos agora corretamente — quando muito nos leva a iniciar nossa familiarização com os aspectos da história e do estado atual de Teoria da Literatura.

QUESTIONÁRIO

1. Qual o objeto de estudo primordial da Teoria da Literatura e quais os secundários?
2. Com que disciplinas literárias e não literárias mantém a Teoria da Literatura íntimas relações?
3. Quais os objetivos da Teoria da Literatura?

TEMAS PARA INDAGAÇÃO E REFLEXÃO

1. Levando em conta suas leituras e suas observações da vida literária, cite um fato literário concreto e, portanto, estudável objetivamente; e um fato abstrato, sobre o qual você só pode refletir.
2. É certo dizer que, se não houvesse leitores, não haveria literatura?
3. Reflita sobre o seguinte: há, na psicologia dos escritores, algo que não existe na psicologia dos que não são escritores?

LEITURA COMPLEMENTAR

A Teoria da Literatura integra-se no grupo das chamadas ciências do espírito, caracterizadas por possuírem um objeto, métodos e escopo diversos dos das chamadas ciências da natureza. Enquanto estas têm como objeto o mundo natural, a totalidade das coisas e dos seres que são simplesmente dados, quer ao conhecimento sensível, quer à abstração intelectual, as ciências do espírito têm como objeto o mundo criado pelo homem no transcurso dos séculos — âmbito singularmente vasto, pois abrange todos os domínios da multímoda atividade humana.

As ciências naturais têm como ideal a explicação da realidade mediante a determinação de leis universalmente válidas e necessárias que exprimem relações inderrogáveis entre os múltiplos elementos da realidade empírica; as ciências do espírito, por sua vez, esforçam-se por compreender "a realidade no seu caráter individual, no seu devir espacial e temporalmente condicionado". Quer dizer, por conseguinte, que a Teoria da Literatura, ramo do saber incluído nas ciências do espírito, não pode aspirar à objetividade, rigor e exatidão que caracterizam as ciências da natureza.

Vítor Manuel de Aguiar e Silva, *Teoria da Literatura,* Coimbra, Livraria Almeidina, 1967, p. 26-27.

SEGUNDA PARTE

TEORIA DOS FATOS LITERÁRIOS

CAPÍTULO I

A OBRA LITERÁRIA: SUAS CARACTERÍSTICAS ESSENCIAIS

Sumário: Introdução. A literatura e a não-literatura. Características da obra literária quanto ao conteúdo e à forma. Conclusão. *Questionário. Temas para indagação e reflexão. Leitura complementar.*

Introdução.

Um leitor comum jamais se pergunta quais são as características de uma obra literária e de uma obra não-literária: se gosta de um romance, entra numa livraria e escolhe um romance; se gosta de obras de estudos políticos ou sociais, sabe encontrar, dentre dezenas de volumes, um livro do gênero. Mas se assim procede um leitor comum, isto é, age empiricamente na seleção de suas leituras e, guiado pelo título e assunto das obras, escolhe uma leitura literária e uma não-literária, o mesmo não se dá com os leitores cultos e com os especialistas em literatura: para estes é importante saber que é a literatura e a não-literatura, pois são maneiras muito diferentes de expressar a realidade, e não querem incorporar a seu espírito uma expressão da realidade, sem saber da natureza e do valor dessa expressão.

A literatura e a não-literatura.

Se na prática é fácil distinguir um romance de um poema, e uma obra de estudo de uma obra de ficção, convenhamos em que esse sentido prático das diferenças entre vários gêneros de obras não é suficiente para chegarmos ao ponto de dizer quais são as características da *literatura* e da *não-literatura.* Temos, portanto, para definir essas características, de deixar de lado nossa maneira empírica de estabelecer distinções, e proceder de outra maneira. Resumo as regras desse procedimento:

1.º — Devemos começar por estabelecer que uma obra transmite sempre, ao leitor, uma concepção da realidade, subjetiva (ou psicológica) e física (percebida pelos sentidos). Um poeta lírico que confessa seu amor, expressa uma concepção da realidade de seu estado passional; um economista que, por exemplo, expõe suas idéias a respeito da economia brasileira, expressa sua concepção de nossa realidade econômica;

2.º — Devemos, em seguida, estabelecer que há dois tipos de concepção da realidade: a concepção intuitiva e individual, e a concepção racional e universal. A concepção intuitiva e individual é o modo que cada um de nós tem de sentir a si mesmo e ver a realidade externa (real ou imaginada); a concepção racional e universal é o modo como a inteligência humana, trabalhando segundo regras específicas, próprias de cada ramo das Ciências Humanas e das Ciências Naturais, interpreta a realidade psicológica ou física;

3.º — Estabelecer, finalmente, que a literatura, por exemplo, um romance, um poema, um drama, expressa uma concepção intuitiva e individual da realidade (em cada caso a concepção do autor da obra); e a não-literatura, que são todas as obras de Ciências Humanas e de Ciências Naturais, expressa uma concepção racional e universal da realidade.

Estabelecida, segundo estas regras de reflexão, a diferença entre a literatura e a não-literatura, é possível partir com segurança para a análise da obra literária e procurar suas características essenciais.

Características da obra literária: o conteúdo.

Partindo-se das idéias estabelecidas no tópico anterior, chega-se à conclusão que uma das características da obra literária é o tipo de conhecimento da realidade que ela transmite: conhecimento intuitivo e individual. E o que é que caracteriza, cabe agora perguntar, esse tipo de conhecimento? Não é difícil dizê-lo: o conhecimento intuitivo e individual é aquele que cada um de nós tem, naturalmente, dos fatos e das coisas: sabemos o que se passa dentro de nós (sentimentos, idéias, imaginação) e em volta de nós (o comportamento das pessoas, fenômenos naturais e sociais, etc.) — e tudo isso somos capazes de expressar, a viva voz ou por escrito. Ora, o mesmo ocorre com um escritor e, por isso, dizemos que sua obra (como qualquer obra de arte) expressa seu conhecimento individual e intuitivo da realidade.

Caracterizando-se a obra literária pelo tipo de conhecimento que transmite (intuitivo e individual) e afirmando-se que esse tipo de conhecimento é o que está no espírito do comum das pessoas (enquanto que o conhecimento racional e universal só o podem adquirir os que se aplicam às Ciências Humanas e Naturais) — chegamos à seguinte conclusão: entre o conhecimento da realidade expresso por um escritor e o conhecimento da realidade expresso por nós, não há diferença essencial. A conclusão naturalmente está certa; mas, se assim é, por que uma história que contamos, uma carta íntima que escrevemos, uma confissão sentimental que fazemos não são reconhecidas como literatura, e a obra de um escritor, com semelhantes conteúdos, é literatura? Também aqui, creio, não é difícil responder à pergunta: a expressão do conhecimento intuitivo e individual só é literatura quando o conteúdo dessa expressão é uma intuição profunda e original da realidade.

Concluamos, portanto, que o que caracteriza a obra literária é, em princípio, o seu conteúdo; esse conteúdo não se confunde com o das obras de Ciências Humanas e Naturais (conhecimento racional e universal); e se é semelhante ao conteúdo do espírito do comum das pessoas, dele se distingue por ser fruto de uma intuição mais profunda e original da realidade.

Características da obra literária: a forma.

Se a obra literária se distingue da não-literária pelo conteúdo, isto é, por um tipo de conhecimento da realidade e pelo grau elevado deste conhecimento, não deixa também de se distinguir pela forma. Distingue-se da expressão de conhecimento do homem comum, porque sua forma ou linguagem (chamada linguagem literária) é mais "rica", e mais "variada" que a do homem comum, o que é compreensível, pois o artista, isto é, o poeta, o ficcionista, o teatrólogo, sente a existência com mais sensibilidade, vê as cousas com mais acuidade, pensa os problemas da vida com mais inteligência; e quem tem mais o que dizer, diz com mais palavras e em mais complexa expressão. Além disso, o escritor, diferentemente do homem comum, é um criador de expressão, pois tem constantemente de inventar novas expressões para suas intuições. Por outro lado, a forma da obra literária distingue-se também da forma das obras de Ciências Humanas e Naturais: nestas a forma respeita a regras rigorosas, inerentes a cada tipo de ciência (daí se falar em linguagem da Matemática, da Lógica, da Química), enquanto que na obra literária as regras da expressão são as criadas pelo próprio artista.

Em conclusão: a obra literária se caracteriza também por sua forma, peculiar a cada tipo de obra e fruto do esfôrço criativo que a produziu.

Conclusão.

De tudo que dissemos se conclui que a literatura se distingue da não-literatura pelo conteúdo e pela forma, e que as características essenciais da obra literária são duas: um conteúdo intuitivo e individual e uma forma produto da criatividade expressiva do artista.

Esta noção, dada aqui em termos intencionalmente muito gerais, é importante, tanto para o leitor comum como para os que estudam Teoria da Literatura. Para o leitor comum é importante porque ele fica sabendo que um escritor (prosador ou poeta) é, essencialmente, uma pessoa como ele, apenas mais poderosa na intuição e expressão da realidade; e sendo assim, ele, leitor, pode, pela assimilação da obra de um escritor, educar sua sensibilidade e enriquecer seu espírito (o que não ocorre quando esse mesmo leitor procura ler uma obra de Ciências Humanas ou Naturais, pois não lhe é possível identificar seu tipo de conhecimento com o das ciências). Para quem estuda Teoria da Literatura a noção que aqui fica também é importante porque permite compreender, nas suas características, o objeto de estudo primordial desta disciplina.

QUESTIONÁRIO

1. Considerando-se toda a produção escrita e falada, divide-se essa produção em dois grupos: literatura e não-literatura. Por quê?
2. Que idéias é necessário estabelecer para distinguir a literatura da não-literatura?
3. Que caracteriza o conteúdo e a forma da obra literária?

TEMAS PARA INDAGAÇÃO E REFLEXÃO

1. Se você se identifica, pelo tipo de conhecimento, com os escritores, que é que lhe falta para ser um escritor?
2. Se você se identifica, pelo tipo de conhecimento, com os escritores, por que às vezes não consegue entender uma obra literária?
3. Se uma obra literária é a expressão do conhecimento intuitivo de determinada realidade, por que, diante da mesma realidade, dois escritores produzem obras diferentes?

LEITURA COMPLEMENTAR

Noção de literatura

A literatura seria, assim, uma forma de conhecimento ou, melhor, de compreensão, aplicada ao homem e às suas relações com o universo, à sua luta pela assimilação desse universo, uma forma de conhecer que não tem mais método que a intuição, nem mais meio para se traduzir que a ficção imitativa, a reprodução laboriosa, quase impossível da paisagem interior, que nos compõe o nosso caleidoscópio. Esse panorama interior, que o artista labuta por expressar, não é uma cópia fotográfica, é uma deformação tendenciosa, é a procura da grande linha, com eliminação dos pormenores, fusão de planos, ampliações, troca de vibrações e eflúvios, como Rodin queria fazer com os seus mármores ciclópicos.

Todos os meios do conhecimento científico se multiplicam, progridem e aperfeiçoam; só os meios do conhecimento artístico são inalteravelmente os mesmos desde o primeiro dia: as armas rudimentares da intuição. A profundidade dessa intuição é que tem aumentado, como se têm complicado os meios da expressão artística. Os sentidos não ganharam agudezas novas; as técnicas da expressão musical, escultórica ou lingüística é que se enriqueceram prodigiosamente.

....

Deste conceito rapidamente apontado, extraem-se vários corolários: arte literária é, verdadeiramente, a ficção, a criação duma supra-realidade com os dados profundos, singulares e pessoais da intuição do artista; a sensação de beleza ou a emoção estética provém da harmonia entre a originalidade do fundo ou conjunto de dados intuitivos novos e o relevo expressivo da forma. *[...]*

Fidelino de Figueiredo, *Últimas Aventuras*, Rio de Janeiro, Empresa A Noite, 1941, p. 211-213.

CAPÍTULO II

A OBRA LITERÁRIA: SEUS ELEMENTOS FUNDAMENTAIS

Sumário: Introdução. Os elementos fundamentais da obra literária: forma e conteúdo. Concomitância e unidade do conteúdo e da forma. O indizível para o escritor; o indefinível para o leitor. Importância destas especulações. *Questionário. Temas para indagação e reflexão. Leitura complementar.*

Introdução.

Uma obra literária apresenta-se a nós, em princípio, como uma realidade concreta, que lemos, que ouvimos (quando expressa a viva voz) e a que assistimos (quando representada); mas se bem pensarmos, essa realidade concreta é apenas a *forma* da obra, isto é, sua expressão, porque seu *conteúdo,* ou aquilo que ela expressa, é uma realidade abstrata, que existiu no espírito do autor (ou está existindo, no caso do improvisador) e passará a existir no espírito dos seus leitores, auditores ou espectadores.

A idéia de que uma obra literária é uma forma concreta, que expressa um conteúdo abstrato, levou a Teoria da Literatura a decompor a obra nestes dois elementos fundamentais (forma e conteúdo) e a estudá-los separadamente. Tal procedimento está certo; mas não nos esqueçamos de que essa separação é apenas teórica, pois, na realidade, tais elementos, como veremos a seguir, além de serem concomitantes no espírito do autor, uma vez criada a obra, passam a ser inseparáveis.

Os elementos fundamentais da obra literária: forma e conteúdo.

A forma, também denominada expressão ou linguagem, é, repito, um elemento concreto e, além disso, estruturado (estruturado no sentido de construído, com palavras e frases); e porque concreto podemos ler, ouvir ou ver (caso da representação teatral) e podemos analisar objetivamente. A forma, escusava dizer, é o elemento que fixa o conteúdo e o transmite, do espírito do escritor ao do leitor, auditor ou espectador. O conteúdo, fixado e carregado pela forma, é, em oposição à materialidade desta, uma realidade imaterial; por exemplo: as personagens de um romance e suas ações são criadas pela imaginação do escritor, e passam a existir, para o leitor, auditor ou espectador, apenas na sua imaginação. E o que se diz do conteúdo de uma obra (de poesia, de ficção, de teatro) diz-se do conteúdo de uma palavra e de uma frase, pois seus significados também são imateriais.

Concomitância e unidade do conteúdo e da forma.

O conteúdo e a forma de uma palavra, de uma frase e de uma obra, conquanto realidades distintas e separáveis (teoricamente, insisto) surgem concomitantemente no ato criador do artista e concomitantemente se impõem à consciência do leitor, auditor ou espectador. Daí dizer-se que formam uma unidade; e uma unidade de tal modo perfeita, que não é possível, ao espírito, conscientizar um desses elementos sem o outro: quando um escritor conscientiza uma imagem, por exemplo, de *casa*, de *rua*, ou de *flor*, conscientiza ao mesmo tempo as palavras ou formas "casa", "rua" e "flor"; e, guardadas as diferenças entre ato criador, próprio do artista, e ato recriador, próprio do leitor, auditor ou espectador, podemos dizer que o mesmo acontece no espírito destes: lidas ou ouvidas as palavras "casa", "rua" e "flor", automaticamente se compõem no espírito do leitor, auditor ou espectador, as imagens carregadas por estas palavras. Conteúdo e forma são, portanto, realidades concomitantes no espírito e, de tal modo inter-relacionadas e interativas, que a Teoria da Literatura as vê como unidade perfeita; e quando as considera separadamente sabe que está pensando em termos apenas teóricos e por necessidade de metodização de suas reflexões.

O indizível para o escritor; o indefinível para o leitor.

Quando dizemos que conteúdo e forma são concomitantes no espírito do escritor, não estamos, evidentemente, pensando no que se passa no mais profundo de seu ato criador; pois, se penetrarmos aí (com o auxílio da Psicologia Profunda) chegaremos à conclusão de que um escritor, apesar do empenho que põe em expressar o máximo do estado emocional que o domina, o máximo de sua intuição da realidade e o máximo de seu pensamento, depois de realizada sua obra ainda fica dentro de si muita cousa que ele não conseguiu dizer. Há, portanto, no ato criador do artista, um fundo indizível, que é, poderíamos dizer, um conteúdo sem forma; e ato criador, uma vez realizado, só deu forma ao que o escritor, na sua luta pela expressão, no seu empenho estilístico, logrou "formalizar", ou estruturar.

Doutro lado, se bem observarmos o que se passa dentro de nós, quando lemos, por exemplo, um romance que nos empolga, verificaremos que se desencadeia, em nosso psiquismo, um complexo sistema de reações emotivas, imaginativas, reflexivas. Tais reações são sempre muito pessoais, pois cada leitor é uma natureza psíquica e uma peculiar experiência existencial; e tais reações, se são um estado psicológico de que temos consciência, são, no fundo, reações indefiníveis.

Ante os fatos acima referidos somos obrigados a concluir que, se conteúdo e forma são concomitantes e inseparáveis no espírito do escritor e do leitor, é preciso não esquecer que no espírito do primeiro fica sempre um conteúdo, ou melhor, um fundo indizível, isto é, sem forma; e no espírito do segundo surgirá, por sua vez, um conteúdo indefinível.

Importância destas especulações.

As especulações dos teóricos da literatura acerca da natureza da obra literária, de seu conteúdo e forma, da concomitância e unidade destes elementos, e acerca dos conteúdos indizível e indefinível são importantes pelas seguintes razões: 1.º — porque nos leva a compreender que só teoricamente podemos separar conteúdo de forma, e, assim, nunca diremos, por exemplo, que é possível compreender e apreciar uma obra sem entender bem o significado de suas palavras e frases; 2.º — porque nos leva a compreender que o ato criador de um poeta, um ficcionista ou um teatrólogo é sempre empenho no sentido de expressar, o melhor possível, o que deseja dizer ao leitor; 3.º — porque nos leva, ainda, a compreender que depois de uma obra realizada fica sempre no espírito do escritor todo um mundo indizível de emoção, de imaginação e de pensamentos; e ao longo da leitura de uma obra vai-se formando, igualmente, em nós, leitores, todo um mundo de ressonâncias psíquicas indefiníveis, o que nos leva a concluir que o fenômeno literário é muito mais que simplesmente uma obra que está diante de nossos olhos e que é conteúdo-forma; 4.º — estas especulações são, por fim, importantes porque sem elas não podemos orientar-nos nos trabalhos de Análise Literária e na Crítica. Se não, vejamos: se admitirmos que uma obra é apenas a realidade que está diante de nós, em que cada palavra é uma forma com um unívoco conteúdo (dada a inter-relação e a interação que as palavras e todos os elementos formais de uma estrutura mantêm entre si), nossa análise dessa obra tem de se limitar a definir os conteúdos que estão na estrutura e nossa crítica tem de se cingir ao julgamento do resultado obtido pelo escritor no seu empenho estrutural dos conteúdos que logrou conscientizar. Mas se admitirmos, por outro lado, que a obra literária não é apenas o conteúdo estruturado, mas também o estado psíquico ou artístico que a produziu, com seu fundo de emoções e intuições indizíveis, (estado artístico que em termos semelhantes se reproduz em nós, leitores auditores ou espectadores da obra), é evidente que nossa análise e nossa crítica têm também de se dirigir no sentido da compreensão e julgamento dessa realidade psíquica que ficou no escritor e se reproduzirá em nós.

QUESTIONÁRIO

1. Quais são os elementos fundamentais de uma obra?
2. Por que se diz que esses elementos são concomitantes no espírito do autor e inseparáveis na sua obra?
3. Que é o indizível para o escritor e o indefinível para o leitor?

TEMAS PARA INDAGAÇÃO E REFLEXÃO

1. Procure, na sua vida, uma situação em que não conseguiu dizer tudo o que sentia e pensava.
2. Já lhe aconteceu dizer alguma cousa a uma pessoa e ela dar às suas palavras um sentido muito diferente do que estava em seu espírito? Por que ocorrem tais fatos?
3. Já lhe aconteceu não alcançar o que contém uma obra, por não ter conseguido compreender sua linguagem?

LEITURA COMPLEMENTAR

Do indizível

O ritmo do andar, o pisar daquela mulher, o erguer do braço a compor o cabelo, a indulgência com que ouve os outros e até o que não entende — produzem em nós a mesma reação moral, em todas as estações do ano, em todas as horas e em todas as épocas da vida. Que é isto? Por quê? Como se diz isto? Baralham-se-nos as idéias e as palavras; e não conseguimos fazer-nos entender e reconhecemos até que o que nós ouvimos dizer não é o que temos em nós.

Do fundo de nós sobe uma difusa recordação de outros momentos iguais. Queremos retê-la pelo que encerra de documentador, pedir à repetição o meio de os identificar e objetivar para os dizer em palavras evocadoras e exatas. Impossível. Tudo se esvai magicamente, como as visões dos sonhos ao despertar. Fica-nos só o vocabulário paupérrimo, fica-nos a férula dos gramáticos, a insuficiência das academias...

Este combate incessante do homem com as palavras é doloroso.

Fidelino de Figueiredo, *Do indizível, in Últimas Aventuras,* Rio de Janeiro, Empresa A Noite, 1941, p. 206-207.

Poesia

Gastei uma hora pensando um verso
que a pena não quer escrever.
No entanto ele está cá dentro
inquieto, vivo.
Ele está cá dentro
e não quer sair.
Mas a poesia deste momento
inunda minha vida inteira.

Carlos Drummond de Andrade, *Poesia Até Agora,* Rio de Janeiro, Liv. José Olímpio, 1948, p. 25.

CAPÍTULO III

A OBRA LITERÁRIA: SUAS FORMAS

Sumário: Introdução. A obra literária é, em princípio, forma concreta e estruturada. Tipos de forma ou linguagem. Os materiais expressivos com que trabalha o escritor e a "arte de escrever". Conclusão. *Questionário. Temas para indagação e reflexão. Leitura complementar.*

Introdução.

Na música a forma é o som, a frase musical, o ritmo, a harmonia e a melodia; na pintura é a linha, o desenho, a composição, a perspectiva e a cor; na escultura e na arquitetura são os volumes, suas formas e sua composição; na coreografia são as posições e os movimentos rítmicos; e na literatura, é fácil compreender, a forma é a linguagem, composta de fonemas, palavras, frases e, quando escrita, transformada em imagem visual.

A linguagem falada e escrita é, assim, não apenas o processo usado, normalmente, por nós, para nos comunicarmos com os nossos semelhantes, mas também a forma ou "material" que os escritores trabalham para conseguir expressar, da melhor maneira, o que conscientizam de seus estados criativos. E como a forma ou linguagem é concreta, pois se traduz em sons e em escrita, podemos dizer que ela é a concretização do conteúdo de uma obra.

A obra literária é, em princípio, forma concreta e estruturada.

Partindo-se do princípio que a obra literária, uma vez expressa, oralmente ou pela escrita, se põe diante de nós como uma realidade material, podemos dizer que ela começa a existir, para nós, como um fato concreto: um romance, um poema, um drama existem (assim pensamos todos) porque estão diante de nós, porque podem ser lidos ou ouvidos.

E uma vez que uma obra literária é para nós um fato concreto (não importa que depois esse concreto se transforme, em nosso espírito, em realidades abstratas, como são as imagens, as idéias, os sentimentos), fácil é compreender a razão por que os teóricos da literatura dizem que uma obra literária pode ser compreendida, em princípio, como uma construção ou estrutura lingüística; uma estrutura que tem uma forma geral e tem materiais que compõem essa forma geral (no caso, fonemas, palavras, frases e períodos; ou, no caso particular dos poemas, versos, estrofes, rimas, etc.).

Tipos de forma ou linguagem.

Quando analisamos a estrutura expressiva das obras literárias, percebemos que ela pode apresentar-se muito variada. Por exemplo: ela pode ser escrita ou falada; pode ser prosa ou verso; e pode representar diferentes níveis de expressão, como o popular e o erudito. Diante desse fato, natural é que perguntemos por que os escritores variam suas estruturas expressivas. Ora, simplesmente porque cada estrutura é procurada como a mais adequada a um tipo de conteúdo que o escritor quer transmitir; por exemplo: para uma comédia popular (lembremo-nos das comédias de Gil Vicente e de Martins Pena), natural é que a expressão contenha os materiais e a estrutura da fala popular; no caso de um romance cujas personagens sejam de elevado nível de cultura, natural é, por outro lado, que a expressão, no que respeita a seus materiais lingüísticos e à estruturação destes, seja de tipo culto; e pelas mesmas razões, fácil é compreender que para a expressão de seus sentimentos escolha o escritor, com freqüência, as estruturas poemáticas, mais adequadas ao caso que as estruturas prosaicas.

De tudo isto temos de concluir que um escritor não é apenas um homem que pensa e sente de modo diferente do comum dos homens; é também um "artista", que se empenha, tecnicamente, na expressão estrutural de sua obra, para que a estrutura obtida seja a mais adequada ao conteúdo que deseja expressar e a mais eficaz para levar o leitor a compreender e sentir sua obra.

Os materiais expressivos com que trabalha o escritor e a "arte de escrever".

Se levarmos a análise da estrutura de uma obra literária às suas últimas conseqüências (o que se aprende a fazer em Análise Literária), verificaremos que o autor trabalhou os materiais lingüísticos (palavras e frases), levando em conta não apenas seus sentidos ou valores nocionais, mas também seus valores sonoros (não nos esqueçamos de que a linguagem se expressa comumente como massa sonora) e muitas vezes até seus valores visuais ou gráficos (valores hoje cuidadosamente trabalhados, sobretudo pelos poetas concretistas). Desta verificação fácil é concluir que a arte de escrever não consiste, simplesmente, em saber a gramática da língua em que se escreve; é infinitamente mais: é saber obter todos os efeitos nocionais, sonoros e visuais da expressão lingüística; e quando os materiais lingüísticos manipulados não satisfazem às necessidades expressivas do estado criativo ou artístico, a arte de escrever passa a ser também criadora de expressão (é o que aconteceu com os grandes escritores, como Camões, Rui Barbosa, Euclides da Cunha, Guimarães Rosa, e é o que está acontecendo com os nossos poetas do movimento concretista).

Conclusão.

Todas estas considerações a respeito da forma na obra literária são importantes porque nos levam a situarmo-nos corretamente diante de uma obra literária, antes de empreender sua análise e interpretação. Compreendemos que ela é, em princípio, uma forma concreta que está diante de nós; que essa forma é uma estruturação de materiais lingüísticos (palavras e frases, considerados em seus valores nocionais, sonoros e visuais); que o escritor se empenhou tecnicamente na construção dessa estrutura, dominando os recursos que sua língua lhe oferecia ou criando esses recursos; que, por isso, o autor de uma obra não é apenas um homem que foi dominado por um estado artístico ou criativo; é também um homem que dominou uma "arte de escrever", uma arte de criar expressão; e compreendemos, finalmente, que não é possível entender em profundidade e julgar com segurança uma obra, sem perceber todos os valores de sua estrutura formal.

QUESTIONÁRIO

1. Por que se diz que a obra literária se nos apresenta como uma forma estruturada?
2. A forma das obras literárias é variável? Por quê?
3. Com que "materiais" expressivos trabalha o escritor?

TEMAS PARA INDAGAÇÃO E REFLEXÃO

1. Você já sentiu necessidade de se expressar em versos? Se já sentiu, qual era no momento seu estado de espírito?
2. Você já assistiu a uma peça de teatro em que a linguagem era popular? Por que terá o autor escolhido êsse tipo de forma ou expressão?
3. Quando se conta uma anedota procura-se imitar a linguagem dos protagonistas? Por quê?

LEITURA COMPLEMENTAR

[O poema]

Um poema é, encarado debaixo de um ponto de vista lógico, formal, uma composição literária (escrita, portanto) apenas diferente da prosa por obedecer a um ritmo e, na generalidade, à rima. Daí a sua capacidade de idéias e imagens inteligíveis. O poeta, ao escrever um poema, deve ter em vista as leis da sintaxe e da lógica. Assim é, assim parece ser, assim parece dever ser. Mas para que escreve o poeta o poema? Para se servir da sintaxe? Para combinar ritmos e rimas? Quero crer que não. O poeta serve-se do poema para se exprimir, para comunicar o que quer que seja que sente como imperioso exprimir. Daí antes das palavras e das orações existir a sua individualidade psicológica, isto é, uma entidade que experimenta sensações, idéias, representações, lembranças, volições, emoções, etc., que não são originariamente nem palavras, nem orações, mas movimentos, estados, imagens. Para exprimir o quê, o poeta tem de lançar mão de palavras. Quer dizer: os movimentos espirituais, os estados psicológicos, as imagens sensoriais, precisam de converter-se em *verbo,* em *lógica.* Os seus poemas são, portanto, precipitações formais — de espírito.

João Gaspar Simões, *O Mistério da Poesia,* Coimbra, Imprensa da Universidade, 1931, p. 13-14.

CAPÍTULO IV

A OBRA LITERÁRIA: A FORMA POEMÁTICA

Sumário: Introdução. Os artifícios expressivos do poema. Artifícios tradicionais e antitradicionais. Conclusão. *Questionário. Temas para indagação e reflexão. Leitura complementar.*

Introdução.

Quem pensa em estabelecer a diferença entre prosa e verso ou, falando com mais rigor terminológico, entre forma prosaica e forma poemática, parte do princípio de que a prosa é a linguagem natural, enquanto que a linguagem da poesia é artificial, pois contém versos e os versos têm artifícios de construção.

Não digo que pensar desta maneira seja pensar errado; digo, apenas, que é pensar ainda pouco sobre o problema da diferença entre linguagem prosaica e versificada. Levemos, portanto, além, a nossa reflexão, e convenhamos no seguinte: 1.º — a prosa literária, se bem semelhante à linguagem comum, não é, evidentemente, uma linguagem comum, pois é sempre o resultado de um trabalho estilístico do escritor;

2.º — a linguagem poemática é também trabalhada estilisticamente pelo escritor e contém, além dos artifícios da prosa literária, mais alguns artifícios que lhe são próprios; 3.º — dentre esses artifícios, com que jogam todos os poetas, para obter determinados efeitos no estado receptivo do leitor ou auditor, o verso é um dos mais evidentes, mas não o único; 4.º — se bem se use com freqüência a palavra *poesia* com o sentido de forma versificada ou com o sentido de poema, em Teoria da Literatura deve-se evitar tal uso da palavra, pois *poesia* é o conteúdo do poema; e nesse caso o *poema* resulta em ser a expressão ou a forma da poesia (distinção que de pronto percebemos quando verificamos que poesia só os poetas são capazes de criar; ao passo que poema qualquer pessoa aprende a construir).

Os artifícios expressivos do poema.

É sabido que os poetas (não importa sua época e suas tendências literárias) procuram expressar-se com todo um sistema de artifícios poemáticos; e procedem assim porque sabem que esses artifícios exercem, sobre a sensibilidade e a compreensão dos leitores ou auditores, determinados efeitos propícios à recriação, por parte desses leitores ou auditores, da "poesia" ou do estado poético que dominou os mesmos poetas. Dentre esses artifícios, próprios da linguagem poemática, os mais comuns são o *ritmo melódico* e as *combinações sônicas* (rimas, aliteração, eco), artifícios facilmente percebíveis pelo ouvido, quando um poema é lido ou declamado com suficiente expressividade.

O *ritmo melódico* (assim chamado porque próprio do canto cadenciado ou da melodia) só pode ser reproduzido pelo declamador ou pelo leitor que leia o poema declamando-o mentalmente, se estes souberem como foi melodicamente construído o poema. As técnicas de construção do ritmo melódico de um poema são estudadas numa disciplina especial, a Poética, ou nos chamados tratados de Versificação. E como não é objeto da Teoria da Literatura o estudo minucioso dessas técnicas e de sua evolução através dos séculos, limitemo-nos, aqui, a refletir apenas a respeito de alguns de seus aspectos fundamentais.

Quando um poeta constrói um poema, pensa, inicialmente, que irá estruturá-lo com determinado número de versos. O verso pode ser definido de duas maneiras: se tivermos em mente o poema escrito, diremos que o verso é uma linha do poema; se tivermos em mente o poema declamado e, portanto, ouvido, diremos que o verso é uma das unidades do ritmo melódico ou, se o poema não tiver esse ritmo, diremos, simplesmente, que o verso é uma das unidades do ritmo poemático. Um poeta quando escreve um verso, fá-lo como se escrevesse uma linha de prosa com determinada extensão; mas quando o declama (para perceber sua imagem auditiva) pratica o artifício de elevar o último acento tônico dessa linha (caso de verso simples e às vezes também alguns acentos interiores (caso de verso composto). E escusado é dizer que as palavras cujo acento ele artificialmente eleva, na declamação, são as mais significativas de sua expressão, tanto pela idéia ou pela imagem que expressam, como pela "carga emotiva". E escusado também é dizer que, elevando e abaixando a voz na expressão dos acentos do verso, a declamação desse verso é percebida pelo ouvido como uma massa expressiva ondulada, sinuosa ou, para falar em termos mais técnicos, como uma massa melódica.

Mas o poeta, ao construir seu poema, não se aplica só à estruturação melódica dos versos; também à composição de grupos de versos (ou estrofes) e às combinações dos fonemas que ocorrem no interior e fim dos versos (e neste caso ele pratica a rima) ou na sucessão das palavras (caso em que pratica o eco, que é a repetição de fonemas semelhantes dos fins de palavras que se sucedem; ou caso em que pratica a aliteração, que é a repetição de fonemas semelhantes no início de palavras que se sucedem).

Todos estes artifícios, que contribuem para dar, ao poema, determinados efeitos de expressividade, são praticados pelos poetas em diferentes níveis de linguagem poemática, desde a mais simples e acessível aos leitores comuns, até a mais requintada, compreensível apenas por leitores com educação literária.

Artifícios tradicionais
e antitradicionais.

Quando resolvemos ler os poetas, devemos saber como reproduzir os artifícios poemáticos, inerentes, desde sempre, à expressão poética, pois ler um poema é, guardadas as naturais diferenças, como ler música: esta, só a lê quem sabe. E se bem não se trate aqui de ensinar a ler todo e qualquer poema, muito menos de ensinar a construir poemas (ensino próprio dos tratados de Versificação), em todo caso sempre cabe lembrar que há artifícios poemáticos que se tornaram tradicionais e, portanto, convencionais; e há outros que são antitradicionais, o que significa peculiares a uma determinada tendência poética, senão mesmo a um único poeta. Vendo a história da poesia em termos muito gerais, podemos dizer que toda a poesia antiga (hebraica, grega e latina), bem como a poesia medieval, a clássica (séculos XV-XVIII) e a do século XIX (romântica e parnasiana) expressaram-se em poemas cujas formas foram, nas suas épocas, formas ideais de expressão (lembro, a propósito, a ode, a cantiga trovadoresca, o soneto e os poemas de ritmo melódico quase cantante, tão comuns entre os românticos); já a poesia do fim do século XIX (simbolista) e de nosso século (modernista e concretista) passou a ter, em cada poeta uma expressão poemática quase que peculiar. E que deduzir deste fato? Simplesmente que é mais fácil, uma vez conhecidas as regras das poéticas tradicionais, ler e declamar com expressividade os poetas que nelas se expressaram, que os poetas destes últimos decênios, pois muitas vezes cada um deles fez do poema uma solução de seu empenho de pesquisa expressiva; é o caso, para citar apenas alguns exemplos mais característicos, do *verso livre* (que é um verso sem ritmo melódico e que, portanto, não se pode declamar com tom cantante) e dos *poemas concretistas*, que contam, para sua expressão, entre outros elementos, com o valor significante da composição tipográfica.

Conclusão.

O estudo da forma poemática tem, em princípio, importância prática, pois nos leva a compreender quais são os artifícios expressivos de que lançam mão os poetas para aumentar o poder impressivo de sua poesia, e, daí, leva-nos a saber reproduzir tais artifícios e assim chegar à declamação suficientemente expressiva de um poema. Mas o estudo das formas poemáticas (que só se pode fazer sistematicamente nas Poéticas) não é importante apenas do ponto de vista prático; também o é do ponto de vista especulativo, pois nos leva a pensar em alguns dos mais intrincados problemas da Teoria da Literatura, que são, por exemplo, estes: 1.º — estabelecer a distinção entre linguagem poemática e prosaica; distinção que é fácil de estabelecer quando se trata de comparar com a prosa um poema com ritmo melódico e combinações sônicas (rima, etc.); mas difícil de estabelecer (pelo menos no estado atual de nosso domínio da análise da expressão literária) quando se trata de poema sem esses artifícios, como é o caso do chamado "poema em prosa"; 2.º — explicar a razão e o sentido da evolução das formas poemáticas: as formas poemáticas (pensemos, por exemplo, no soneto, desde sua forma medieval até sua forma mais moderna) evoluem no sentido do aperfeiçoamento de seus recursos expressivos, ou por motivos impostos pelo gosto poemático de cada época?; 3.º — explicar o compromisso entre as formas poemáticas (pensemos novamente no soneto) e o conteúdo poético dessa forma; 4.º — determinar até que ponto o poeta tem o direito de inventar formas poemáticas, mesmo que sejam insólitas e até herméticas para os leitores, não se valendo, portanto, de formas quanto possível convencionais e acessíveis ao comum dos apreciadores de poesia.

Estes e outros problemas abrem amplas perspectivas à especulação acerca das formas poemáticas; muitos especialistas têm-se aplicado à sua solução; e nestes especialistas poderá, o leitor deste curso introdutório de Teoria da Literatura, encontrar as soluções a que eles já chegaram.

QUESTIONÁRIO

1. Qual é a diferença essencial entre a prosa e a linguagem da poesia?
2. Quais os artifícios expressivos da linguagem da poesia?
3. Desde suas origens até hoje tem, a poesia, usado dos mesmos artifícios expressivos?

TEMAS PARA INDAGAÇÃO E REFLEXÃO

1. Se você fosse escrever um poema procuraria dar-lhe uma forma compreensível por todos, ou não se preocuparia com isso?
2. Procure ler um poema de versos curtos e outro de versos compridos. Reflita depois sobre a diferença que existe entre eles do ponto de vista do ritmo.
3. A poesia está constantemente variando sua forma. Como explicaria você esse fato?

LEITURA COMPLEMENTAR

[Que é o poema]

O poema, para mim, é tomado como tal quando concentra, recolhe, insinua ou disfarça uma verdadeira inspiração de poeta. E, sem querer, cheguei não só a definir (embora por processos negativos) poesia, mas, também, poema. Um poema é na verdade o momento, o instante *material,* em que poeta toma contato com a sua verdadeira natureza. Isto de ser alguma cousa em potência: poeta, músico, pintor, ou o que quer que seja, é na realidade quase nada. O homem só é alguma cousa quando se imobiliza ou deixa imóvel fora dele o que, num instante, foi. Pois o que era antes ou depois desses momentos, quem sabe?! Nem ele próprio! Um poema é, pois, a condensação dum certo *instante,* poético. O que, de futuro, as suas palavras perpetuam — é esse instante. Daí quanto mais próximas estiverem dum grau de saturação poético, mais o poema valer. Ou, para dissipar esta minha natural e inoportuna obscuridade: o valor comunicativo dum poema está na razão direta da sua sobriedade expressiva. Não carece, portanto, um poeta de empregar muitas nem poucas palavras para comunicar um dos seus *momentos* supremos — carece apenas de *empregar as palavras indispensáveis.*

João Gaspar Simões, *O Mistério da Poesia*, Coimbra, Imprensa da Universidade, 1931, p. 45-46.

CAPÍTULO V

A OBRA LITERÁRIA: SEUS CONTEÚDOS

S u m á r i o : Introdução. Relação entre o conteúdo da obra literária e a realidade. Os dois mundos da realidade: o natural e o sobrenatural. Realismo, irrealismo e supra-realismo. Conclusão. *Questionário. Temas para indagação e reflexão. Leitura complementar.*

Introdução.

Pensa-se, comumente, que o conteúdo é o ponto de partida da criação de uma obra literária; e nessa ordem de idéias é freqüente dizer-se: "Tenho no espírito bom assunto para um conto ou um romance; só me falta encontrar sua expressão ou forma." Não menos comum é a suposição de que o conteúdo de uma obra é independente de sua forma; e por isso é também freqüente afirmação como esta: "A mim não me interessa saber como uma obra está escrita, mas apenas o que ela contém." Se bem examinarmos estas convicções, veremos que se fundam em idéias erradas, pois, do mesmo modo que não podemos pensar numa cousa sem pensar na palavra que a expressa, e não podemos ler uma palavra sem que nos venha ao espírito seu significado ou conteúdo — quando temos um assunto para uma obra, esse assunto está, em nosso espírito, já formalizado ou expresso; e quando nos interessamos pelo que uma obra nos diz, é evidente que já dominamos sua forma. Conteúdo e forma — não é demais repetir — são concomitantes em nosso espírito e inseparáveis. Portanto, considerar o conteúdo em particular, como vamos fazer neste capítulo, só é possível em termos teóricos.

Relação entre o conteúdo da obra literária e a realidade.

Podemos dizer que realidade é tudo aquilo de que temos consciência: um livro, uma letra, o Sol, a alegria, Deus, os fantasmas, etc., etc. Todos os seres, concretos ou abstratos, verdadeiros ou imaginados, e todos os fatos ou fenômenos passam a ser, para nós, realidade, desde que sejam objeto de nossa consciência. E se bem refletirmos a este respeito chegaremos, sem dificuldade, a uma conclusão: ao conscientizarmos uma realidade, criamos, no espírito, uma idéia (noção abstrata) ou uma imagem (figuração) dessa realidade; e uma vez tal idéia ou tal imagem entre em nossa corrente de consciência, imediatamente atua em nosso psiquismo, isto é, provoca aí reações de vário tipo; por exemplo: pensamos numa pessoa de que gostamos e logo experimentamos as emoções que nos despertava o convívio com essa pessoa. A imagem ou a idéia da realidade funcionou, portanto, dentro de nós, como se fosse a mesma realidade. Partindo-se dessa elementar noção de psicologia, não é difícil chegar à conclusão de que o conteúdo de uma obra literária é um conjunto de idéias e imagens da realidade ou, como dizem alguns teóricos da literatura, é uma *supra-realidade;* e difícil também não é chegar à conclusão que a supra-realidade que é a obra literária, uma vez em nossa consciência, exerce em nosso psiquismo efeitos semelhantes aos que exerceria a realidade que ela reproduz. Por isso empolgamo-nos com os romances de aventuras; comovemo-nos com os poemas sentimentais; e tomamos partido quando assistimos, por exemplo, a uma peça de teatro de protesto.

Conclusão: entre o conteúdo de uma obra literária e a realidade não há uma relação de igualdade mas, indiscutivelmente de equivalência; e a este propósito não é demais lembrar que, no fim de contas, a supra-realidade, porque produto da arte de ver e de dizer, do escritor, atua mais profundamente em nosso psiquismo que a própria realidade, de vez que não temos, para captá-la, nem a sensibilidade, nem a intuição do artista.

Os dois mundos da realidade: o natural e o sobrenatural.

Costuma-se também dizer, e não sem razão, que três tipos de realidade se apresentam à nossa consciência: a realidade física, que está fora de nosso psiquismo e chega a esse psiquismo por intermédio de nossas percepções sensoriais (vista, olfato, audição, paladar, tato, etc.); a realidade psíquica, que é esse mesmo psiquismo, de cujos fenômenos, extremamente complexos e sutis temos também consciência (os sentimentos; as manifestações do inconsciente; o raciocínio, etc.); e em terceiro lugar, e para além dessas duas realidades que consideramos *naturais,* vêm à nossa consciência, constantemente, realidades de um mundo que consideramos *sobrenatural*, isto é, sem as limitações impostas ao nosso mundo pelas leis da natureza física e psíquica (é o caso de realidades como Deus, Paraíso, Inferno, e de todos os seres e fenômenos concebidos pelas várias mitologias e religiões; e é o caso, também, das realidades concebidas pelo nosso inconsciente e pelas perturbações — patológicas ou provocadas — do nosso psiquismo: visões, delírios, etc.).

Se pensarmos agora no conteúdo das obras literárias, concluiremos que tanto podem ser uma imagem do mundo natural (físico e psicológico), como do mundo sobrenatural. Lembro, a título de exemplo, os romances de terror, com seus fantasmas dominando os mortais com forças ocultas e terríveis; e doutro lado lembro os romances de vário tipo realista (como *Vidas Secas*, de Graciliano Ramos) e a poesia lírica de análise psicológica (como *Meus Oito Anos*, de Casimiro de Abreu), os quais nos oferecem a imagem de um mundo em todo o sentido real. E se levarmos ao fim nossa análise do conteúdo das obras literárias verificaremos, ainda, que com freqüência concorrem numa obra, tanto quanto em nossa consciência, o natural e o sobrenatural (recordo, a título de exemplo, os poemas épicos, como *Os Lusíadas;* as novelas de cavalaria, e esse fabuloso romance que é *Grande Sertão: Veredas*, de Guimarães Rosa).

Realismo, irrealismo e supra-realismo.

Partindo-se destas noções não é difícil compreender o que os teóricos da literatura definem como realismo, irrealismo e supra-realismo (ou surrealismo) na obra literária: há realismo, numa obra, quando seu conteúdo reflete, com um máximo de fidelidade, a realidade natural (física ou psicológica); vejam-se, a propósito, os romances da chamada Escola Realista ou Naturalista (os de Zola, Eça de Queirós, Aluísio Azevedo) e muitos dos nossos modernos romances regionalistas (de José Lins do Rêgo, Graciliano Ramos, Jorge Amado); de outro lado, há irrealismo, numa obra, quando seu conteúdo, fruto da imaginação ou do idealismo, resulta infiel ao que consideramos à verdade natural das cousas e da vida; caso, por exemplo, das églogas de nossos clássicos, cujos pastores e cujo estilo de vida rústica expressam um bucolismo ideal, criado pelos poetas gregos e depois imitado pelos poetas da latinidade e do Classicismo dos séculos XVI-XVIII, como o nosso Tomás Antônio Gonzaga (v. *Marília de Dirceu*, 1792); finalmente, há supra-realismo, numa obra, quando seu conteúdo, fruto das deformações da realidade, operadas pelo nosso subconsciente, é um "absurdo" em face da noção racional que temos da mesma realidade, compreendendo-a realisticamente ou mesmo irrealisticamente (pela imaginação ou pelo idealismo); cito, como exemplos, a peça *O Vestido de Noiva*, de Nelson Rodrigues, e o poema *Chuva Oblíqua*, de Fernando Pessoa.

Conclusão.

Partindo-se das noções que acabam de ser dadas, acerca do que é realidade, do que é realidade natural e sobrenatural e acerca da relação de equivalência entre o conteúdo das obras literárias e os tipos de realidade, não é difícil compreender três dos principais problemas que se têm apresentado aos teóricos da literatura neste campo de especulação:

1.º — Sendo o conteúdo das obras literárias imagem das realidades que o escritor foi capaz de conscientizar, podemos dizer que a arte literária é um tipo de conhecimento da realidade; e nessa ordem de idéias é natural que perguntemos que é que caracteriza esse tipo de conhecimento e o distingue de outros tipos de conhecimento, como o conhecimento vulgar (do homem comum), o conhecimento filosófico e o conhecimento científico. Os teóricos da literatura têm-se preocupado com este problema, e se bem o tenham em parte resolvido (concluindo, por exemplo, que o conhecimento literário e artístico em geral é recriativo da realidade, enquanto os demais não o são), ainda não chegaram a verdades definitivas, o que só ocorrerá no momento em que se esgotar a problemática de outra disciplina, que é a Teoria do Conhecimento.

2.º — Sendo o conteúdo de uma obra literária a expressão do conhecimento de determinada realidade, natural é também que perguntemos que é que caracteriza a faculdade cognoscitiva que funciona no escritor e que não existe no comum das pessoas. Tanto quanto do problema anterior, deste muito se tem ocupado a Teoria da Literatura; e se é verdade que a propósito deste complexo problema chegaram os especialistas à conclusão que essa faculdade (rotulada de vária maneira: inspiração, engenho, intuição, imaginária) é específica, ainda não chegaram à sua completa caracterização, pois dependem do progresso de outra disciplina, que é a Psicologia Profunda.

3.º — Se o conteúdo de uma obra literária é a realidade ou são as realidades que o espírito do escritor logrou conscientizar, dado o poder de sua intuição e dada sua peculiar vivência, é natural que nem sempre seja possível aos leitores compreender esse conteúdo (caso tão freqüente de obras que parecem aos leitores enigmáticas, ou herméticas, ou absurdas). E a este propósito surgem para os teóricos da literatura um outro problema, a discutir e resolver: é o problema da liberdade do escritor. Seus compromissos são apenas com seu espírito ou têm de ser também com o público, com a sociedade, com a Moral, com a Política, com a Religião? A discussão deste problema tem dividido desde muito os teóricos e só tem solução quando se radicalizam as posições pró e contra a liberdade do escritor.

QUESTIONÁRIO

1. Por que se diz que o conteúdo de uma obra literária é uma supra-realidade?
2. Que é a realidade natural e a sobrenatural?
3. Que é, numa obra literária, realismo, irrealismo e supra-realismo (ou surrealismo)?

TEMAS PARA INDAGAÇÃO E REFLEXÃO

1. Que mais impressiona sua sensibilidade: a realidade natural ou a sobrenatural?
2. Rememore suas leituras e cite uma obra realista e uma irrealista.
3. Por que a supra-realidade literária impressiona-nos mais que a realidade que ela reproduz?

LEITURA COMPLEMENTAR

Poema surrealista

Chuva oblíqua

Atravessa esta paisagem o meu sonho dum porto infinito
E a cor das flores é transparente de as velas de grandes [navios

Que largam do cais arrastando nas águas por sombra
Os vultos ao sol daquelas árvores antigas...

O porto que sonho é sombrio e pálido
E esta paisagem é cheia de sol deste lado...
Mas no meu espírito o sol deste dia é porto sombrio
E os navios que saem do porto são estas árvores ao sol...

Fernando Pessoa, *Poesias,* Lisboa, Edições Ática, 1945, p. 27.

Poema realista

Construção

Um grito pula no ar como foguete.
Vem da paisagem de barro úmido, caliça e andaimes hirtos.
O sol cai sobre as coisas em placa fervendo.
O sorveteiro corta a rua.

E o vento brinca nos bigodes do construtor.

Carlos Drummond de Andrade, *Poesia até Agora,* Rio de Janeiro, Liv. José Olímpio, 1948, p. 12.

CAPÍTULO VI

A OBRA LITERÁRIA: SEUS GÊNEROS

Sumário: Introdução. Breve história da teoria dos gêneros literários. Estado atual da teoria dos gêneros literários. Conclusão. *Questionário. Temas para indagação e reflexão. Leitura complementar.*

Introdução.

Basta um primeiro contato com a literatura para termos a idéia de que suas obras são diferentes, não apenas pelo autor e pela época, mas também pelo conteúdo-e-forma. *Os Lusíadas* são um longo poema heróico ou épico, com seus "cantos" constituídos por algumas dezenas de estrofes de oito versos ou oitavas; a *Canção do Exílio* de Gonçalves Dias é um pequeno poema, subjetivo ou lírico; *Gabriela, Cravo e Canela,* de Jorge Amado, é uma longa narrativa, romanesca e de fundo histórico; e *O Pagador de Promessas,* de Dias Gomes, é uma obra escrita para ser representada, e daí ter uma estrutura teatral. Partindo da idéia de que as obras são diferentes no conteúdo e na forma, não é difícil chegarmos à conclusão de que tais elementos, se de um lado as distinguem, de outro não impedem que se assemelhem a outras, com mesmo tipo de conteúdo e de forma, e venham a constituir com elas um grupo, com determinadas afinidades entre seus elementos. Ao lado d'*Os Lusíadas* sentimos que podem agrupar-se obras como a *Ilíada*, a *Odisséia*, a *Eneida* e o nosso *Caramuru;* ao lado da *Canção do Exílio*, podemos colocar um poema subjetivo de Petrarca ou de Carlos Drummond de Andrade; ao lado do romance de Jorge Amado, um romance de Eça de Queirós, de Balzac, de Joyce ou de Zola; e ao lado da peça teatral de Dias Gomes, qualquer outra peça, de Gil Vicente, de Shakespeare, de Brecht. Chegados a tal conclusão, é natural formularmos, então, as seguintes indagações: não será lícito ver na literatura, como na natureza, determinados "gêneros" e, dentro destes, determinadas "espécies"?; não seria possível fazer uma classificação desses gêneros e dessas espécies?; será o escritor livre na criação de sua obra, ou tem de se subordinar a "modelos" ou gêneros e espécies literárias? Como surge um gênero literário?; como sai de moda?

Até aqui, não há dúvida de que nosso espírito caminhou não apenas com lucidez, pois deu conta de um fato literário inegável, como ainda em termos de uma correta linha de indagações, pois dirigidas no sentido de respostas em que se têm empenhado muitos especialistas da literatura; mas se inteligentemente funcionou nosso espírito diante dos referidos fatos (os gêneros e as espécies literárias) e dos problemas que nos apresentam, não presumamos demais de nossas possibilidades de ir ao fim desse assunto, complexo, sem nos situarmos diante da evolução e do estado atual da disciplina que dele se ocupa, e que se denomina Genologia (termo proposto por Van Tieghem, em 1938).

Breve história da teoria dos gêneros literários.

Os gregos e os latinos, bem como os clássicos modernos, que os imitaram, viram nos gêneros literários (o poema épico, o poema lírico, a tragédia, a comédia) perfeitas "categorias artísticas", inconfundíveis entre si; e baseados em obras que expressavam modelarmente essas categorias, criaram uma teoria dos gêneros literários: os gêneros deveriam ser puros, nunca híbridos (uma comédia tinha de ser exclusivamente cômica, e uma tragédia, trágica); a cada gênero devia corresponder uma forma (metro) e um conteúdo (tom); era lícito falar em gêneros de primeira grandeza ou "maiores" (epopéia, tragédia, ode) e de segunda grandeza ou "menores", isto é, que exprimiam assuntos menos nobres (a poesia lírica, a comédia, a sátira); o valor de uma obra devia ser medido pelo seu respeito à pureza do gênero que representava, às regras estabelecidas pelos teóricos para obtenção dessa pureza e pelo fato de ser uma obra "maior" ou "menor". Ver a propósito principalmente as teorias de Aristóteles, de Horácio, de Scalígero, de Boileau e de Schelling, cujas preceptivas foram cânones literários durante os séculos clássicos antigos e modernos, se bem muitas vezes negados e contrariados, sobretudo na época do barroco (século XVII), quando se impuseram, por força principalmente da literatura espanhola, gêneros de tradição medieval (a farsa, a tragicomédia, a novela, a cantiga).

Os românticos, dada a sua radical oposição aos clássicos, combateram todas as suas teorias acerca dos gêneros literários: não era lícito falar em gêneros "maiores" e "menores", nem em gêneros "puros" e "impuros", pois o que importava era a novidade de uma obra, sua atualidade, seu interesse e o que expressava da vida (irredutível a categorias); e não se podia pretender tiranizar um escritor com "regras" de um gênero, pois o que se impunha era dar liberdade ao seu "gênio" criativo; que os gêneros existiam, era evidente, bastava pensar nos antigos, nos de tradição medieval e nos modernos (como o drama, o romance); o que se não podia pretender era defini-los como categorias absolutas e eternas, nem mesmo classificá-los, tal a peculiaridade de cada obra e o imprevisível do poder inventivo do escritor. Ver a propósito as idéias de Lessing, de Vítor Hugo, e, entre os nossos, de um Garrett, de um Herculano, de um Domingos José Gonçalves de Magalhães.

Logo em seguida aos românticos, o que quer dizer, dos meados aos fins do século XIX, os teóricos da época do Positivismo e do Naturalismo, influenciados por prestigiosas doutrinas acerca dos fenômenos biológicos (monismo, geneticismo, evolucionismo) e dos fenômenos sociais (sociologismo positivista) não puderam deixar de ver os gêneros literários como fenômenos de natureza estética, mas também social, pois um gênero, como a tragédia grega ou o drama romântico, era sempre um produto de determinado ambiente físico e social, e de determinado momento histórico (v. Taine e Guyau); e indo mais longe, com seu naturalismo, tais teóricos não puderam deixar de ver, nos gêneros, um fenômeno que se identificava (o que ocorria com todos os fenômenos sociais) com os fenômenos biológicos, e como estes estavam sujeitos a leis da genética e da evolução das espécies: geravam-se como produtos de condições naturais e sociais propícias; mantinham-se enquanto perduravam essas condições; e evoluiam, produzindo outros gêneros, ou desapareciam (v. Brunetière).

Não se pode deixar de reconhecer que os teóricos naturalistas deram ao estudo dos gêneros literários uma orientação não apenas nova, mas sedutora, de vez que saíam definitivamente das intermináveis e inconciliáveis discussões em tôrno das "regras" e dos "valores" dos gêneros (quase que outra cousa não fizeram os clássicos e mesmo os românticos) e colocavam tal fato literário como objeto de imparciais pesquisas históricas e de análises sistemáticas.

Mas se assim foi, nem por isso lograram tais teóricos impor, por muito tempo, o que defendiam como uma atitude científica perante o problema e como achados definitivos. Na altura de 1900, B. Croce, revendo toda a história da Estética e da Teoria Literária, demonstrou que desde a Antigüidade toda a discussão acêrca de gêneros literários fora uma acumulação de equívocos: uma obra é sempre uma individualidade inclassificável; falar de gêneros literários não é falar de obras, mas de categorias mentais, criadas por abstração e existentes tão-só num plano de realidades teóricas; os escritores nada têm que ver com essas teorias, muito menos a Crítica Literária; se quisermos falar de gêneros, se quisermos classificar os gêneros, podemos fazê-lo, mas tudo isso carece de qualquer significação profunda e só tem valor para tratamentos práticos da literatura (ensino elementar de História Literária; arrumação das obras nas bibliotecas, etc.).

A posição de Croce, negando qualquer fundamento nas várias teorias dos gêneros literários (suas naturezas individuais, suas evoluções orgânicas, possibilidade de sua rigorosa classificação), por ter sido posição muito radical, provocou, como era inevitável, acesas polêmicas, e não logrou convencer todos os teóricos interessados no problema. Por isso, a partir da divulgação da *Estética* (1903), se de um lado muitos especialistas, sob sua influência, se desinteressaram do problema dos gêneros literários, outros continuaram a se empenhar no seu estudo e, em particular, na pesquisa de sua gênese e evolução histórica (v. as obras escritas nos primeiros decênios deste século e publicadas na coleção *Storia dei Generi Letterari Italiani*, lançada pelo editor Vallardi, de Milão, nos anos de 30 e 40); e de tal modo cresceu o interesse por tais pesquisas e as discussões em torno de sua importância, que, em 1939 o Congresso Internacional de História Literária, reunido em Lyon, estabeleceu como tema de discussão o que chamou de "o problema dos gêneros literários", isto é, existem gêneros literários?; se existem, podem ser estudados na sua gênese e evolução, e podem ser classificados? As respostas positivas a estas indagações restabeleceram, a partir de 40, a importância do estudo do assunto.

Estado atual da teoria dos gêneros literários.

Reduzindo ao essencial as atuais teorias acerca dos gêneros literários, podemos dizer o seguinte:

1.º — Um gênero (por exemplo, um romance, um poema lírico, um drama) é a combinação de um tipo de forma (prosa ou verso), com um tipo de composição (expositiva, representativa ou mista) e um tipo de conteúdo (psicológico, físico ou misto); uma espécie é uma variação dentro de um gênero. Exemplificando: a poesia lírica, que é um gênero, tem um tipo de forma — o verso, um tipo de composição — a expositiva, e um tipo de conteúdo — a psicologia do poeta; e dentro do gênero lírico há várias espécies — o soneto, a ode, a lira, etc. — caracterizadas por determinada estrutura poemática (verso, estrofe, rima), determinado sentimento (o amor, a religiosidade, o patriotismo) e determinada estrutura de pensamento (o silogismo, no caso do soneto; a repetição de uma idéia, no caso da lira).

2.º — Os gêneros e suas espécies vêm surgindo ao longo da história da literatura, como resultados do poder inventivo de determinados escritores; mas como essas invenções visam à comunicação com o público, há sempre, na criação de um gênero ou espécie, a influência do ambiente cultural que envolve essa criação. Criado um gênero ou uma espécie, passam, tais fatos, a estar sujeitos a modificações e, desde que percam o interêsse do público, acabam por desaparecer. Qualquer gênero ou espécie serve para a exemplificação desta teoria; casos como o dos gêneros e espécies da literatura clássica (a tragédia, o poema épico, o soneto, a ode, a lira) estão amplamente estudados.

3.º — Os gêneros literários e suas espécies não são produtos de leis genéticas e evolutivas, como os gêneros e espécies naturais (zoológicas e botânicas); mas mesmo assim são classificáveis, desde que se levem em conta os elementos que, essencialmente, os formam. Fundada neste princípio, propõe, a Teoria da Literatura, a seguinte classificação:

	FORMA	COMPOSIÇÃO	CONTEÚDO
GÊNEROS	PROSA	EXPOSITIVA	oratória, epistolografia, ensaio.
		REPRESENTATIVA	teatro (drama, comédia).
		MISTA	ficção (romance, novela, conto).
	VERSO	EXPOSITIVO	poesia lírica, poesia satírica.
		REPRESENTATIVO	teatro (tragédia, comédia, farsa, auto).
		MISTO	poesia épica (epopéia, poema heróico, poema heróico-cômico).

Conclusão.

A idéia de que existem gêneros e espécies literárias vem dos mais antigos teóricos da literatura. Durante os séculos clássicos (antigos e modernos) os teóricos procuraram caracterizar os gêneros e suas espécies e estabelecer regras para seu cultivo; os românticos, opondo-se aos clássicos, criaram novos gêneros (como o romance) e, conseqüentemente, para eles, novas regras; os realistas desinteressaram-se dessas regras, clássicas e românticas, e se voltaram para o estudo da gênese e evolução dos gêneros; no começo do século atual, Croce demonstrou não haver interesse no estudo dos gêneros, pois cada obra é uma individualidade; mais recentemente voltaram os historiadores e teóricos a se ocupar do assunto e, hoje, se reconhece que definir gênero e espécie literária, compreender sua gênese e evolução e classificar tais fatos — é indispensável a quem se ocupa da literatura.

QUESTIONÁRIO

1. Que é um gênero literário?
2. Que objetivos teve, para os clássicos, a teoria dos gêneros literários?
3. Que elementos das obras literárias se devem levar em conta para classificar os gêneros?

TEMAS PARA INDAGAÇÃO E REFLEXÃO

1. Qual a principal diferença que você encontra entre um romance e uma peça de teatro?
2. Que vantagem vê você numa classificação dos gêneros literários?
3. Acha provável escrever-se uma obra que não pertença a nenhum dos gêneros literários?

LEITURA COMPLEMENTAR

A poesia lírica

Os gregos denominaram lírica a uma espécie poética que se cantava com o acompanhamento da lira. Depois a palavra se generalizou e passou a designar toda espécie poética que expressava sentimentos do poeta. Tal sentido passou à literatura latina, depois ao Classicismo moderno e daí ao século XIX e aos nossos dias. Dos gregos até hoje, nas suas mais variadas formas, a poesia lírica, sempre expressão da subjetividade do poeta, tem enriquecido constantemente seu conteúdo, pois constante é a evolução da vivência do homem e de seu sentimento da vida, da natureza e do universo. A poesia grega expressou, dos sentimentos humanos, a alegria dos prazeres da vida, o ardor cívico, o entusiasmo perante os heróis e os deuses; a estes sentimentos acrescentaram os latinos os paroxismos do amor, o sentimento do exílio, os problemas da consciência moral. Na Idade Média, como entre os gregos e os latinos, a poesia lírica era cantada, mas já então acompanhada de variado instrumental de corda e sopro (veja-se o lirismo trovadoresco, que teve, em Portugal e Galiza, durante os séculos XII e XIV, significativa expressão). Durante o Classicismo, que se desenvolveu sob o magistério literário dos Antigos e sob a influência de um grande lírico amoroso da Idade Média, Petrarca, a poesia lírica continuou a ser amplamente cultivada, sobretudo na forma do soneto. A partir do Romantismo a poesia lírica, liberta de formas tradicionais, como o soneto, tem estado à procura de formas sempre novas de expressão.

Antônio Soares Amora, *Teoria da Literatura,* São Paulo, Editora Clássico-Científica, 8.ª ed., 1969, p. 156.

CAPÍTULO VII

A OBRA LITERÁRIA: O ESTILO

Sumário: Noção antiga e moderna de estilo. Conseqüências de uma e outra noção. A análise estilística. Conclusão. *Questionário. Temas para indagação e reflexão. Leitura complementar.*

Noção antiga e moderna de estilo.

Desde o Classicismo dos séculos XVI-XVIII até bem pouco tempo, a palavra *estilo* significou, na terminologia literária, *acabamento formal.* E era nesse sentido que se dizia: Eça de Queirós, Rui Barbosa, Euclides da Cunha, Coelho Neto são estilistas. Já em nossos dias dá-se à palavra *estilo* um sentido bem diverso. Entendamos este sentido.

O homem, diante da realidade (física ou psicológica), apreende-a e compreende-a segundo sua capacidade intuitiva e, assim, forma, em seu espírito, uma *imagem* muito pessoal da mesma realidade. Pois bem, é essa apreensão e compreensão da realidade, em termos pessoais, que os modernos especialistas da literatura denominam *estilização*. Estilizar é, portanto, formar uma imagem pessoal da realidade. E que vem a ser, nesta ordem de idéias, o estilo? É, simplesmente, uma maneira pessoal de apreender e compreender a realidade. E como o artista (em nosso caso o escritor), depois de estilizar em seu espírito a realidade, expressa essa estilização, passamos a dizer que o estilo é uma maneira pessoal de escrever (ou de se expressar artisticamente).

Conseqüências de uma e outra noção.

Quando, no Classicismo, se compreendia o estilo como acabamento da expressão literária, a Estilística (que era, então, uma parte da Gramática e da Retórica) tinha por objetivo definir as características de um bom estilo (por exemplo: olareza, propriedade vocabular, correção gramatical, originalidade, etc.) e também ensinar as normas ou regras que permitissem a um escritor dominar essas características. Modernamente, desde que se compreende o estilo como a maneira muito pessoal que tem cada escritor de compreender e expressar a realidade, a Estilística passou a ser uma técnica de análise do estilo de cada obra ou de cada escritor. E como não é possível compreender uma obra sem analisar-lhe o estilo, a Estilística, hoje em dia, é considerada, com toda a razão, uma das disciplinas básicas dos Estudos Literários (v. o último capítulo deste manual).

A análise estilística.

As análises estilísticas, realizadas atualmente com métodos extremamente rigorosos, podem visar a vários objetivos: em primeiro lugar, levar a compreensão segura de uma obra; em segundo lugar, levar ao julgamento da capacidade expressiva de um escritor (caso em que a Análise Estilística se apresenta como Crítica Estilística); em terceiro lugar, levar à caracterização precisa de um estilo, para identificar seu autor (procedimento indispensável quando se trata de identificar o autor de uma obra anônima ou de autoria discutível) ou para definir as influências que recebeu ou exerceu determinado autor (o que é importante nos estudos de História Literária).

Sem pretender dar, aqui, uma noção completa dos atuais métodos de análise estilística, mesmo porque com isso sairíamos do campo da Teoria Literária para o da Estilística, que é outra ciência, penso que não é demais saber que tal tipo de análise tem, como primeiro objeto, a *palavra*. Sendo assim, o que um especialista em Estilística começa por fazer é definir o sentido em que o escritor usou cada palavra, no contexto de sua obra. Só depois de compreendida cada palavra, na sua exata conotação contextual, passa, o analista, à determinação do sentido das frases e do desenvolvimento do discurso. Daqui se conclui que uma análise estilística começa por ser uma análise lingüística; e uma vez compreendidos os "materiais" lingüísticos com os quais o autor se expressou, passa, então, o analista, a outros aspectos dessa expressão, como, por exemplo, a forma de linguagem (prosa ou verso), seu nível (popular, erudito, infantil ou adulto) e seus aspectos dialetais, seus "achados" ou criações.

Conclusão.

Destas considerações sobre o estilo e a Estilística temos de tirar algumas conclusões, que me parecem importantes: cada escritor e, poderíamos dizer, cada um de nós, tem seu estilo; sendo assim, é impossível compreender uma obra (ou qualquer pessoa que fale ou escreva) sem compreender seu estilo; e se uma análise estilística exige métodos de trabalho sistemáticos, não quer isto dizer que, na prática, não estejamos constantemente a fazer (não importa que em termos empíricos) análises estilísticas das obras que lemos e da linguagem das pessoas que nos falam.

QUESTIONÁRIO

1. Que entendiam os clássicos por estilo?
2. Que entendemos hoje por estilo?
3. Que é, modernamente, a Estilística e em que consiste a análise estilística?

TEMAS PARA INDAGAÇÃO E REFLEXÃO

1. Pense numa situação em que você teve dificuldade em se fazer entender. Rememore essa situação e reflita sobre o seguinte: não teria você dado às suas palavras um determinado sentido e não teria, seu auditor, tomado suas palavras noutro sentido? Não teria havido incompreensão do estilo de sua expressão?
2. Pense numa situação inversa: você não compreendeu o que uma pessoa procurou dizer-lhe, isto é, não compreendeu o estilo de seu interlocutor. Por que se deu tal fato?
3. Reflita sobre o seguinte: quando um escritor, por exemplo, um poeta, escreve uma obra, expressa sua maneira de compreender e sentir a realidade, ou a maneira de todas as pessoas? O estilo de sua obra é um estilo pessoal ou um estilo comum a qualquer um de nós?

LEITURA COMPLEMENTAR

Sobre a estilística de Spitzer [1]

O ponto de partida das teorias de Spitzer é a concepção do estilo como expressão da personalidade do escritor. Assim,

[1] Leo Spitzer, cujas obras começaram a aparecer na altura de 1930, é um dos mais autorizados especialistas em Estilística e autor de um método de análise estilística, seguido por uns, contestado por outros.

"a toda excitação psíquica que se afasta dos hábitos normais da nossa mente corresponde também, na linguagem, um desvio do uso normal"; isto é, "toda expressão idiomática de cunho pessoal é reflexo de um estado psíquico também peculiar" [2]. Ora, se a linguagem é reflexo do sentimento, é também via de acesso a ele. Uma obra literária é, pois, um documento que nos permite conhecer aquele que a criou, o seu clima espiritual, a sua visão do mundo.

Várias leituras sucessivas nos entregam, pouco a pouco, o segredo da personalidade criadora. Ao lermos um texto somos impressionados quer pela freqüência, quer pela originalidade de certas formas lingüísticas, que podemos, certamente, reduzir a um denominador comum. Procuramos, então, através do idiomático, atingir o psíquico: se tomarmos boa pista, chegaremos a uma excitação psíquica a que Spitzer chama o "étimo espiritual" da obra. Depois, seguindo caminho inverso, buscaremos confirmação dessa raiz espiritual em outros traços lingüísticos, pois o que se deve explicar é a *obra inteira.* O que se procura descobrir é, usando palavras que nos lembram a doutrina de Leibniz, "uma como armonía preestabelecida entre la expresión verbal y el todo de la obra". [3]

Ângela Vaz Leão, *Sobre a Estilística de Spitzer,* Belo Horizonte, Imprensa da U.M.G., 1960, p. 21-23.

[2] VOSSLER, Karl, SPITZER, Leo e HATZFELD, Helmut, *Introducción a la estilística romance.* Tradução e notas de Amado Alonso e Raimundo Lida, 2.ª edição, Buenos Aires, 1942, p. 92. (Nota da autora).

[3] *Id., ibid.,* p. 104. (Nota da autora).

CAPÍTULO VIII

O AUTOR

S u m á r i o : O autor como pessoa "sui generis". Evolução das idéias a respeito da criação literária. Características da criação literária. Conclusão. *Questionário. Temas para indagação e reflexão. Leitura complementar.*

O autor como pessoa "sui generis".

Todos nós, que não somos escritores, temos a idéia de que um poeta, um romancista, um teatrólogo, como ademais qualquer artista (pintor, escultor, músico) é uma pessoa, não apenas diferente de nós, pelas virtualidades criativas, mas também "sui generis" ou incomum no comportamento. Daí dizer-se que o artista é uma pessoa singular, que tem uma psicologia invulgar e age de uma maneira excêntrica. Vive no "mundo da Lua", diz o povo, e faz cousas que nem sempre a sociedade aprova. Tais idéias, ainda hoje muito generalizadas, não estão de todo erradas; portanto, nelas poderíamos ficar, não fossem idéias superficiais. Vamos, assim, mais a fundo na análise desse fato singular, que é o autor de obras literárias; e comecemos por ver como evoluíram as idéias a respeito da natureza e comportamento de tais pessoas.

Evolução das idéias
a respeito da criação literária.

Já os antigos (e me refiro particularmente aos gregos) compreendiam o ato criador de uma obra literária, como um ato psicológico de caráter especial e independente, nas suas causas, da vontade do escritor. Daí dizerem, na sua concepção mítica da realidade, que os escritores, em particular os poetas, eram inspirados pelas Musas (entidades sobrenaturais). E do mesmo modo pensaram os latinos e ainda, bem mais tarde, por imitação dos antigos clássicos, os clássicos dos séculos XV-XVIII. A partir dos fins do século XVIII, dado o desenvolvimento do espírito crítico, do Racionalismo e das ciências da natureza e da sociedade, começou-se a admitir que o ato criador do escritor (bem como de todos os artistas), nada tinha de sobrenatural: era apenas um tipo de comportamento humano, sujeito a uns tantos fatores externos, uns, sociais (políticos, econômicos, morais), e outros, decorrentes da natureza (o clima, a paisagem, as raças). Tais idéias evoluíram durante o século XIX e deram, dentre outras teorias, a chamada "Teoria das influências na obra de arte", segundo a qual o comportamento do escritor e, por conseqüência, sua obra, eram produtos da influência de três fatores: da raça do escritor, do meio ambiente físico e social em que ele vivia e de seu momento (ou época) histórico. Com estas idéias os teóricos da literatura abandonaram completamente as especulações sobre as forças sobrenaturais (as Musas, o poder divino) e misteriosas (o gênio) que faziam de uma pessoa um escritor ou artista, e passaram a refletir apenas a respeito da ação dos referidos fatores sobre a criação literária, isto é, em que sentido influíam num autor, sua raça, seu meio e seu momento histórico. Chegado o fim do século XIX, os estudos de Psicologia começaram a experimentar extraordinário desenvolvimento, particularmente no que se referia à chamada Psicologia Profunda (do subconsciente e do inconsciente). Em conseqüência, os teóricos da literatura desinteressaram-se do estudo das realidades que eram externas em relação ao escritor (sua raça, seu meio, seu momento) e voltaram a cogitar da natureza singular do estado psicológico que produzia uma obra literária. E nessa altura, porque dominante corrente de psicólogos estava convencida de que o mais fundo da natureza psíquica era insondável, chegaram, os teóricos da literatura, à convicção de que o ato criador do escritor, que nessa profundidade se situava, era um "mistério" e, portanto, impossível de explicar. Mas os estudos de Psicologia Profunda progrediram; e, hoje, se bem não tenhamos uma explicação completa do que se passa psicologicamente num escritor, já podemos, pelo menos, caracterizar, em linhas gerais, o chamado ato criativo da obra literária.

Características da criação literária.

Em poucas linhas podemos caracterizar, no essencial, o processo criador do escritor:

1.º – Ao criar sua obra (um poema, um romance, um drama) um escritor está dominado por um estado emocional, até certo ponto semelhante aos estados emocionais que, com freqüência, nos dominam (recordemos nossos momentos de paixão, de fé religiosa ou cívica, de encantamento diante da beleza de uma pessoa, de uma paisagem, de uma obra de arte).

2.º – Tal estado emocional não é voluntário; ele, como se diz na linguagem comum, "acontece" independente de nossa vontade.

3.º – Como o escritor (e demais artistas) é um indivíduo mais sensível às impressões da realidade que o comum das pessoas, seu estado emocional é, naturalmente, mais intenso e mais complexo no que respeita às reações psíquicas (percepção, imaginação, associações de idéias, etc.).

4.º – Dominado pelo estado emocional, o escritor se empenha em expressá-lo do modo mais fiel que lhe é possível e da maneira mais eficaz, no sentido da comunicação desse estado ao leitor. Este empenho é que é o ato criador da obra literária. E por isso se diz que a obra literária é o resultado de um empenho expressivo do escritor.

Conclusão.

Estas modernas idéias a respeito do que se passa com o autor de uma obra levam-nos a compreender a literatura (e as outras artes), de modo muito diferente dos teóricos clássicos e dos teóricos do século XIX. Em primeiro lugar, compreendemos que o escritor não está empenhado em escrever em linguagem "bonita" (como se diz vulgarmente), mas em escrever o que está em seu espírito; em segundo lugar, compreendemos que a "arte de escrever" não é um conjunto de regras gramaticais, retóricas ou (no caso da poesia) poéticas, mas um empenho expressivo, em constante evolução, e a que cada escritor dá a sua contribuição; em terceiro lugar, compreendemos que um autor não pode estar sujeito às exigências do gosto e da compreensão de cada leitor; ele tem de ter liberdade criativa e os leitores é que têm de procurar compreendê-lo.

QUESTIONÁRIO

1. Segundo a mitologia clássica, que papel era atribuído às Musas?
2. Quais as causas externas da criação literária, segundo os teóricos do século XIX?
3. Por que se diz, hoje, que um escritor "luta pela expressão"?

TEMAS PARA INDAGAÇÃO E REFLEXÃO

1. Reflita sobre um intenso estado emocional que o tenha dominado e procure entender por que razões não conseguiria expressá-lo, totalmente e com clareza.
2. Escolha um poema do seu agrado e reflita sobre o estado emocional que teria dominado o poeta no momento de sua criação.
3. Em um de seus sonetos, procurando descrever a beleza da mulher amada, Camões diz que sua descrição não correspondia à perfeição do modelo porque lhe faltavam: "saber, engenho e arte". Que pretendeu dizer Camões, com cada uma destas palavras?

LEITURA COMPLEMENTAR

O processo criador

Afirma Dilthey [1] a existência, em nós, de um processo criador, que não é determinado pela necessidade de adaptar o mun-

---

[1] Wilhelm Dilthey.

do exterior à nossa vontade. Assim, não pertence ele à esfera dos atos voluntários exteriores e interiores, pelos quais reagimos às impressões recebidas do mundo exterior, e que constituem as fontes da vida econômica, da organização jurídica, ou política, da cultura moral ou do fato religioso.

A criação poética nasce quando um acontecimento interior quer traduzir-se em palavras e, por conseguinte, no tempo. Os estados afetivos tensos procuram descarregar-se de qualquer modo, por meio de gestos, de sons e de associações de idéias que os simbolizam, e que procuram reproduzir na alma do auditor, ou do espectador.

Não resultará a criação poética de um processo psíquico especial, ou de um encadeamento de processos que lhe sejam próprios. Dimana dos mesmos processos que produzem qualquer manifestação da vida psíquica. A diferença entre essas manifestações, tão distintas entre si, resume-se apenas numa questão de intensidade.

A imaginação criadora do poeta — tomada esta palavra num sentido amplo, que abrange o criador da obra literária em verso ou em prosa — afigura-se a Dilthey como um fenômeno que promana da vida de todos os dias, e que não tem as fontes misteriosas que os românticos procuram dar-lhe.

Cyro dos Anjos, *A Criação Literária,* Bahia, Publicações da Universidade da Bahia, 1969, p. 63-64.

CAPÍTULO IX

O LEITOR

Sumário: O leitor. O leitor perante a literatura. O leitor como recriador da obra. A educação literária do leitor. Conclusão. *Questionário. Temas para indagação e reflexão. Leitura complementar.*

O leitor.

Se bem não se possa confundir o leitor com a obra literária e com seu autor, é comum dizer-se que, na prática, estas realidades não apenas se inter-relacionam, como se interdependem, pois uma não existe sem a outra. Tal maneira de pensar está, evidentemente, certa; mas não vamos agora ao exagero de dizer, também, como muita gente diz, que se não fosse o leitor o autor não existiria, e que o autor tem de escrever pensando nos leitores.

Existem muitos tipos de leitores: os que gostam de obras de passatempo, como, por exemplo, os romances policiais, os de espionagem, os de aventuras; os que gostam de aprender e, por isso, procuram romances históricos, de viagens, de ficção científica; os que têm necessidade de dar asas à imaginação e, assim, preferem os livros de conteúdo fantástico; existem ainda os que pedem a uma obra motivos de excitação da sensibilidade, e daí gostarem sobretudo de poesia lírica; e existem também os que pedem a uma obra ensinamento quanto à "arte de escrever", donde apreciarem somente os escritores hábeis nessa arte e criadores de novas formas de expressão literária.

Pensando, portanto, nesta variedade de gostos dos leitores, é de concluir que não podemos dizer que um escritor tem de escrever pensando nos leitores, pois lhe seria impossível contentar a todos, tão diferentes são eles. O que na verdade se dá é apenas o seguinte: um escritor se empenha na expressão do que está dentro de si, dos seus sentimentos, da sua imaginação e dos seus conhecimentos da realidade e, assim, realiza sua obra; e uma vez divulgada essa obra, ela encontrará seus específicos leitores, isto é, aqueles que afinam com ela, e que a apreciarão de acordo com seu gosto e seu espírito crítico. E nestes termos há, portanto, que pôr a relação entre o leitor, a obra e o autor.

O leitor perante a literatura.

Partindo do princípio que a produção literária universal é extraordinariamente variada e é produto de um processo criativo em constante evolução — é de compreender que aquele que desejar ter acesso a toda a literatura, ou pelo menos às suas principais obras, tem de receber uma educação especial.

Tal educação começa na escola primária, quando ensinamos as crianças a ler histórias e a declamar pequenos poemas; mais desenvolvidamente se processa na escola secundária e em particular no curso colegial, quando se ministram conhecimentos de Teoria da Literatura e de história da literatura portuguesa, da brasileira e de pelo menos uma literatura estrangeira; por fim, ainda mais desenvolvidamente e com mais profundidade, essa educação é ministrada nos cursos superiores de Letras, onde se formam especialistas em Teoria, Análise, Crítica e História Literária.

Saídos de tal sistema de educação, os leitores passam então a ter, perante a literatura, um comportamento que lhes permite compreender, de acordo com a educação adquirida, um número maior ou menor de obras; e, evidentemente, tanto mais educado é o leitor, tanto maior é sua capacidade de compreender as obras produzidas ao longo dos séculos, em todas as literaturas, e cada dia a se publicarem, em todos os países, em grande quantidade.

O leitor como recriador da obra.

Uma obra, uma vez criada, isto é, posta em palavras, orais ou escritas, materializa-se; materializada, deixa naturalmente de existir como realidade espiritual, que o era quando estava na mente do artista; mas, tão logo lida, volta a ser, na mente do leitor, realidade espiritual. Tal fato levou os teóricos da literatura a dizerem que o autor *cria* a obra e o leitor a *recria*.

A recriação de uma obra literária pelo leitor é sempre feita em termos muito pessoais. Cada um de nós compreende, sente e julga uma obra de acordo com suas possibilidades de compreensão, com seu tipo de sensibilidade e sua capacidade de crítica. O romance *Iracema*, de José de Alencar, (cito um exemplo fácil de compreender) para uns é um comovente poema em prosa, com a pungente história de uma linda e amorável índia do Ceará, que tudo sacrificou, inclusive a vida, pelo amor ao guerreiro branco Martim; para outros, a mesma obra é compreendida, sentida e julgada apenas como um romance romântico, supersentimental, inverossímil e escrito em linguagem enfaticamente declamatória. Cada um, portanto, recria uma obra, à sua maneira.

A consideração deste fato é importante para a Teoria da Literatura, por três principais razões: primeiro, permite afirmar que a obra literária só é realidade quando se estabelece a interação escritor-leitor; segundo, a recriação do leitor pode ser "certa" ou "errada" em relação ao que estava no espírito do escritor; terceiro, só a educação literária impede o leitor de recriar erradamente uma obra.

A educação literária do leitor.

Compreendendo-se hoje a educação literária como índice da cultura de um indivíduo, natural é que todas as pessoas que desejam ser cultas, procurem elevar seu nível de educação literária; e em face desse propósito os teóricos da literatura recomendam os seguintes procedimentos:

1.º — Adquirir o hábito da leitura.

2.º — Adquirir noções gerais da história das literaturas, necessárias a uma orientação diante da imensa massa de obras que constituem o patrimônio literário de cada povo.

3.º — Adquirir noções básicas de Teoria Literária, para saber diante de que tipo de realidade ou fenômeno literário se encontra e sobre o qual deseja fazer suas reflexões.

4.º — Adquirir noções básicas de Análise Literária, para saber penetrar mais seguramente na compreensão de uma obra.

5.º — Adquirir noções básicas de Crítica Literária, para saber julgar uma obra com critérios gerais, e não individuais e arbitrários.

Conclusão.

Sendo nós leitores de obras literárias e não autores, natural é que nos preocupemos com saber qual a nossa posição diante da literatura, e como devemos comportarmo-nos para compreender uma obra, para julgá-la e para incorporá-la ao patrimônio da nossa educação de espírito. E não nos esqueçamos de que, sem educação literária, seremos sempre leitores medíocres, quer na capacidade de compreensão das obras, quer no seu julgamento.

QUESTIONÁRIO

1. Por que se diz que existem muitos tipos de leitores?
2. O escritor tem liberdade de escrever ou está subordinado às exigências dos leitores?
3. Em que sentido se pode fazer uma educação literária?

TEMAS PARA INDAGAÇÃO E REFLEXÃO

1. Reflita sobre sua experiência de leitor de uma obra e procure compreender quais foram suas principais reações.
2. Procure compreender a importância que têm, para sua educação literária, as noções de Teoria Literária que está adquirindo com a leitura deste manual.
3. Por que uma obra, lida na juventude, é incompreensível e, lida na idade adulta, é facilmente compreendida?

LEITURA COMPLEMENTAR

O leitor também cria

... No momento em que — criando — o artista se torna *essencial* [1] em relação ao objeto criado, este último se lhe escapa das mãos, tornando-se *inessencial* em relação ao seu criador...

[1] O artista se torna essencial em relação à sua obra somente no momento da criação.

Só a leitura da obra esclarecerá aos interessados essa alteração de situações, entre criador e criatura, com relação à "essencialidade".

Limitar-nos-emos a dar breve resumo das conclusões do filósofo [2]: o escritor não escreve para si mesmo, e o ato criador não é senão um momento incompleto e abstrato da produção duma obra.

Se o autor existisse, sozinho, no mundo, poderia escrever quanto quisesse, e nunca sua obra, como objeto, veria a luz do dia.

A operação de escrever implica a de ler, como seu correlativo dialético. Estes dois atos conexos exigem agentes distintos, pois nunca o escritor lerá os seus escritos como o leitor os lê.

Dos esforços, conjugados, de autor e leitor é que surgirá esse objeto concreto e imaginário: a obra do espírito. Não existe arte senão *para* outrem, e *por* outrem.

Cyro dos Anjos, *A Criação Literária, op. cit.*, p. 98-99.

---

2 Sartre, mentor do Existencialismo francês, escritor e crítico.

CAPÍTULO X

O PÚBLICO

Sumário: *O público.* O público, a crítica, o leitor e o escritor. O público: sua complexidade e sua psicologia. Conclusão. *Questionário. Temas para indagação e reflexão. Leitura complementar.*

O público.

Uma pessoa sem noção suficiente dos fatos literários diria que o público é apenas a soma de determinado número de leitores. Tal suposição está evidentemente errada, de vez que o público é um grupo social que, coletivamente, reage de modo diferente de cada leitor em particular. Cada leitor tem uma opinião pessoal em face de uma obra, mas também uma opinião coletiva, que muitas vezes se impõe à sua opinião particular.

O público, a crítica, o leitor e o escritor.

O público, entidade coletiva ou social, exerce sobre cada leitor em particular, e muitas vezes sobre os críticos e os escritores, uma inegável influência, que chega às vezes a se configurar como uma pressão. No que respeita ao leitor, que é o caso de cada um de nós, fácil é observar que, tanto quanto em matéria de opinião moral, religiosa e política, como em matéria de moda, individualmente podemos pensar e escolher o que nos apetece, mas, quando integrados no grupo social a que pertencemos (a família, o meio profissional, a roda de amigos), acabamos por pensar e escolher o que é imposto pelo grupo social. E no que respeita ao crítico e ao escritor, se é verdade que são mais independentes em relação ao público, não deixam muitas vezes de lhe fazer a sua vontade, de corresponder aos seus gostos e idéias, ou pelo menos evitam (regra geral) de o contrariar, de o agredir.

Há, assim, na vida literária, uma atuante presença do público. E como (vistos estes fatos de outro lado) o público se forma e reage por força da ação do escritor de sua obra, de seus críticos, e também por força da ação particular de cada leitor, diz-se que entre o público e os citados elementos (o escritor, a obra, o crítico e cada leitor) há uma inter-relação e uma interação.

Tudo isto é certo, mas também é certo que muitas vezes se instala, entre o escritor e o público, um conflito de opiniões: o escritor vai contra as tendências de gosto do público e procura impor-lhe um novo gosto e uma nova ideologia; o público, pelo seu lado, aceita a novidade ou não toma conhecimento dela. E o mesmo se pode dizer das relações do escritor (e sua obra) com o crítico: entendem-se ou não se entendem. Estas relações concordantes ou discordantes, entre os fatos literários e, particularmente entre a obra e o público, constituem um tema de muito interesse para a Teoria da Literatura porque nos leva a compreender êxito ou o malôgro de público de muitas obras.

O público — sua complexidade e sua psicologia.

Quando dizemos que o público é uma entidade coletiva, não devemos pensar que é uma massa informe de indivíduos. Ele se constitui pela ação de uma obra, tem uma estrutura, com determinado número de grupos sociais (a família, a escola, a igreja, etc.), tem níveis (econômicos e de educação) e uma dinâmica (no tempo e no espaço). Em termos mais simples: o público de uma obra se define, aumenta e diminui em número e em extensão geográfica, se impõe durante certo tempo e, por fim, pode desaparecer em relação à obra que o criou. Este fato pode ser facilmente observado ao longo da história literária, com obras que tiveram grande êxito e acabaram por cair no esquecimento (lembro, a propósito, o romance *A Escrava Isaura,* de Bernardo Guimarães, publicada nos anos de 1870, quando estava no auge a nossa campanha abolicionista). Quanto ao comportamento do público, difícil de definir claramente sem os recursos da Psicologia Coletiva, podemos dizer que ele é sempre caprichoso. Diante de uma obra, sem qualquer valor artístico, o público pode considerá-la uma obra de grande interesse e, deste modo, ela é promovida à categoria de obra-de-êxito ou, como dizem os americanos, de ***best-seller***. Doutro lado, o mesmo público pode mostrar-se apático diante de uma obra de qualidade literária e mesmo diante de uma obra-prima.

Noutra circunstância, o público que aplaudiu um escritor pode, de repente, desinteressar-se completamente de sua obra. Noutra circunstância ainda, pode aplaudir uma obra antiga que na sua época passou despercebida.

Conclusão.

Tudo que diz respeito à natureza do público e ao seu comportamento é importante para a Teoria Literária: primeiro porque, dada a interação público-obra, público-escritor, público-leitor, não é possível compreender suficientemente a obra, o escritor e o leitor, sem compreender o público; em segundo lugar, sem o estudo do público não é possível (como disse) compreender o que se chama a "história das obras literárias".

QUESTIONÁRIO

1. Que é o público?
2. Que tipo de relação existe entre o público e o escritor e entre o público e a obra?
3. Quais os principais aspectos da natureza e do comportamento do público?

TEMAS PARA INDAGAÇÃO E REFLEXÃO

1. Reflita sobre uma situação em que você se viu influenciado pelo público, na escolha de uma obra para ler ou na sua apreciação.
2. Se você fosse escritor subordinar-se-ia ao gosto do público ou reagiria contra ele e procuraria modificá-lo?
3. Acha que a publicidade feita em torno de uma obra pode criar um público favorável a ela?

LEITURA COMPLEMENTAR

Literatura e sociedade

... Um estudo sobre a base econômica da literatura e posição social do escritor está inextricavelmente fundido com o estudo do público a que este se dirige e do qual depende financeiramente. Até mesmo o patrono aristocrático é um público —

e, muitas vezes, um público exigente, que espera da obra não só uma adulação pessoal, mas também um conformismo com as convenções da sua classe. E nas sociedades ainda mais remotas, nos grupos onde floresce a poesia, é ainda maior a dependência do autor para com o público: a sua obra não será transmitida se não agradar imediatamente. Assim tão tangível, ou mais, é também o papel do público no teatro. Tem até havido tentativas de filiar as mudanças verificadas nos períodos e no estilo de Shakespeare nas mudanças do público: o Teatro Globe, na margem esquerda do Tamisa, era um teatro ao ar livre, com um público misturado; o Blackfriars, um teatro fechado, freqüentado pelas classes superiores. Torna-se mais difícil descobrir a relação específica entre autor e público numa época posterior, em que o público ledor se expande rapidamente, ficando disperso e heterogêneo, e em que as inter-relações de autor e público se tornam mais indiretas e oblíquas.

René Wellek e Austin Warren, *Teoria da Literatura,* Lisboa, Publicações Europa-América, 1962, p. 124-125.

CAPÍTULO XI

O AMBIENTE CULTURAL

Sumário: Introdução. Relações entre a obra e seu ambiente cultural. Complexidade da interação obra-ambiente cultural. Conclusão. *Questionário. Temas para indagação e reflexão. Leitura complementar.*

Introdução.

É fácil perceber que, embora nos comportemos, nesta ou naquela situação, por força de impulsos de nossa personalidade (conscientes ou inconscientes), bem examinados os nossos comportamentos, eles refletem influências do meio cultural em que vivemos. É esse meio que nos fornece a língua com que nos expressamos, os valores que defendemos, o gosto que nos leva a preferir determinadas cousas, etc. E se bem virmos, o que acontece com cada um de nós acontece com os escritores: eles estão sujeitos às influências do meio cultural a que pertencem e suas obras refletem, fatalmente, essas influências.

Relações entre a obra e seu ambiente cultural.

Que uma obra reflete influências do ambiente cultural em que surge é, portanto, um fato fácil de compreender. Os romances *O Guarani* e *Iracema*, de José de Alencar, foram o fruto da valorização de nossos índios, levada a efeito durante os anos do Romantismo (1830-1880) e numa época em que nos dominava o sentimento nacionalista e o entusiasmo por tudo que era expressão de um Brasil nativo. Mas se é certo dizer que o ambiente cultural exerce influência sobre o escritor e se expressa em sua obra, não é menos certo dizer que uma obra acaba também por exercer influência sobre o meio cultural que a envolve. Voltando ao exemplo dos dois romances indianistas de Alencar, fácil é verificar que deram, ao nosso movimento de simpatia pelo índio, ocorrido durante o Romantismo, determinados sentidos; por exemplo, a beleza de Iracema e o heroísmo de Peri, concebidos por Alencar, levaram-nos a conceber o índio brasileiro segundo esses protótipos; e a grandeza moral dessas personagens levou muitos brasileiros a estimar que corresse nas suas veias o sangue da raça indígena. Há, assim, entre a obra literária e o ambiente cultural que a envolve, não apenas íntimas relações, mas também uma interação.

Complexidade da interação obra-ambiente cultural.

A interação dos referidos fatos literários se é evidente a um primeiro exame, não é, contudo fácil de analisar e definir nos aspectos essenciais, pois um ambiente cultural é sempre extremamente complexo na estrutura e nos fenômenos (sociais, políticos, econômicos, morais, religiosos) e uma obra, por seu lado, não oferece menos complexidade estrutural e de conteúdo. Mas o fato de ser extremamente difícil dizer em que medida uma obra resulta em ser de determinada maneira por força de um tipo de cultura que a produziu e, por outro lado, dizer em que medida certos aspectos de uma cultura resultaram de influências de determinada ou determinadas obras — nem por isso os especialistas da literatura deixam de se interessar pelo problema e tentar sua análise e interpretação. E desses especialistas os mais empenhados em tal problema são os historiadores da literatura e os analistas de textos literários, pois a um historiador é impossível fazer história sem perceber as íntimas relações entre os ambientes culturais e as obras, e os analistas não podem chegar à explicação total de uma obra sem definir, por exemplo, o valor significante das palavras que nela se empregam e tal valor depende do ambiente cultural em que a palavra circulou ou circula.

Conclusão.

A interação obra-ambiente cultural é um fenômeno de tal significação que, mesmo não nos ocupando particularmente dele (no campo da história e da análise literária), temos de o levar em conta para compreender, até certo ponto, a gênese e a vida de uma obra, pois ela nasce num ambiente e ao longo de sua ação vai influenciando outros ambientes. Mesmo os críticos literários, que julgam uma obra em si e nos seus valores, não podem deixar de ter em mente o modo como ela funciona em sucessivas épocas de cultura.

QUESTIONÁRIO

1. Que entende você por meio ambiente cultural?
2. Que relação existe entre uma obra e seu meio ambiente cultural?
3. Quais os especialistas da literatura que se interessam pelo estudo das relações entre as obras e seus meios ambientes culturais?

TEMAS PARA INDAGAÇÃO E REFLEXÃO

1. Reflita sobre um ou mais aspectos de seu comportamento resultantes de influências do seu meio ambiente cultural.
2. Reflita sobre uma obra que exerceu influência sobre seu comportamento ou sobre o comportamento da sociedade em que você vive.
3. Pode um escritor libertar-se, completamente, da influência do meio cultural em que vive?

LEITURA COMPLEMENTAR

Literatura e sociedade

A literatura somente nasce num contexto social, como parte de uma cultura, num meio ambiente. A famosa trindade de Taine [1] — *race, milieu, moment* — tem levado, na prática, a

[1] Hipólito Adolfo Taine (1828-1893). Filósofo, historiador e crítico francês, exerceu, na sua época, grande influência nos Estudos Literários.

um estudo que incide quase exclusivamente no meio ambiente. A raça é um integral fixo de valor desconhecido com o qual Taine faz cálculos muito vagos. Muitas vezes é apenas o presumido "caráter nacional" ou o "espírito" inglês ou francês. O *moment* pode diluir-se adentro do conceito de *milieu*. Reconheceremos então que a mais imediata situação de uma obra de literatura é a sua tradição lingüística e literária, e esta tradição, por sua vez, é abrangida por um "clima" cultural genérico. Apenas de modo muito menos direto poderá a literatura encontrar conexões com situações concretas — econômicas, políticas e sociais. Existem, é claro, inter-relações em todas as esferas da atividade humana. Seremos capazes, eventualmente, de estabelecer uma certa conexão entre os meios de produção e a literatura, uma vez que um sistema econômico usualmente implica um sistema de governo e, portanto, controla as formas de vida em família. E à família pertence um importante papel na educação, nos conceitos da sexualidade e do amor, em toda a convenção e tradição do sentimento humano. Destarte, é possível estabelecer um elo entre a poesia — até a lírica — e as convenções amorosas, os preconceitos religiosos e as concepções da natureza. Mas estas relações podem ser indiretas e oblíquas.

Parece impossível, porém, aceitar uma concepção que erija qualquer dada atividade humana em "força motriz" de todas as outras, seja ela a teoria de Taine — que explica a criação humana por meio de uma combinação de fatores climáticos, biológicos e sociais —, ou a de Hegel [2] e dos hegelianos, que consideram o "espírito" a única força impulsionadora de toda a história, ou ainda a dos marxistas, que tudo derivam do modo de produção.

René Wellek e Austin Warren, *op. cit.*, p. 131-132.

---

[2] Jorge Guilherme Hegel (1770-1831). Filósofo alemão. Ver sua obra *Estética*.

CAPÍTULO XII

A HISTÓRIA LITERÁRIA

Sumário: A literatura e sua história. A historiografia literária e sua evolução. Modernas idéias sobre a historiografia literária. Conclusão. *Questionário. Temas para indagação e reflexão. Leitura complementar.*

A literatura e sua história.

É comum a noção de que na literatura de um povo há um passado e um presente, e haverá um futuro. Homero foi um poeta grego, provavelmente do século IX a.C.; Jorge Amado é um escritor de nossos dias; e amanhã ou para o futuro haverá no Brasil outros escritores. Tal noção resulta em ser, no fim de contas, a noção de que existe, no tempo, uma sucessão de escritores e, portanto, de fatos literários decorrentes da ação desses escritores: obras, leitores, público, críticos, modas literárias, ambientes culturais. E com tal noção no espírito, natural é pensarmos que a sucessão e a inter-relação de tais fatos, ou por outras palavras, que a *história literária*, tem de ser analisada, interpretada nas suas principais linhas e, por fim, escrita, para que qualquer pessoa possa tê-la no espírito.

A historiografia literária
e sua evolução.

A idéia de que a história literária é uma realidade que deve ser compreendida e escrita, se é comum em nossos dias, não é, contudo, uma idéia moderna. Os latinos e os clássicos dos séculos XV-XVIII, desde que tomaram os escritores gregos por seus "insignes mestres", interessam-se, normalmente, por compreender a evolução da literatura grega, bem como a evolução de suas literaturas em função dos modelos que imitavam. No século XVIII, dado o desenvolvimento dos estudos históricos, a história literária começou a merecer ainda maior atenção e, nessa altura, procuraram os historiadores elaborar exaustivos catálogos biobibliográficos de escritores antigos e modernos (exemplo típico de tais catálogos é a *Biblioteca Lusitana,* de Diogo Barbosa Machado, que inventaria todos os escritores de língua portuguesa, desde a Idade Média ao século XVIII). No século XIX, por influência das ciências da natureza e de suas teorias a respeito da gênese e evolução das espécies, a historiografia literária procurou também ver a história literária como uma realidade com gênese e evolução, segundo rigorosos princípios, traduzíveis em leis. E dentro dessa orientação uma das obras mais características e influentes foi a de Brunetière (*Evolução dos Gêneros,* 1890). Finalmente, em nosso século, depois de negarmos as idéias evolucionistas da historiografia literária do século XIX, e chegarmos até mesmo a negar a validade de qualquer obra de história literária (dada a impossibilidade de compreender a complexississima evolução da vida literária), acabamos, mais recentemente, por admitir que é possível fazer história literária, mas é necessário partir de princípios muito diferentes dos adotados no passado.

Modernas idéias sobre a historiografia literária.

Atualmente os mais autorizados historiadores da literatura trabalham tendo em mente os seguintes princípios ou postulados:

1.º — A obra literária é a realidade fundamental da vida literária.

2.º — Essa realidade pode ser vista em si ou nas suas relações com outras realidades (o autor, o leitor, o público, a Crítica, outras obras, o ambiente cultural).

3.º — A obra literária, vista no contexto das demais realidades com ela relacionadas, tem de ser compreendida como elemento de um sistema de inter-relações e interações.

4.º — Esse sistema pode ser visto como uma complexa realidade isolada no tempo, ou como um momento de um processo histórico em permanente mudança.

5.º — Para se caracterizar esse processo em constante mudança tem-se de definir os limites cronológicos dos seus momentos ou períodos, caracterizá-los e rotulá-los.

6.º — Ao se estabelecerem os limites cronológicos dos períodos devem-se indicar os fatos literários que correspondem a esses limites (uma obra, uma instituição ou um manifesto literário). Ao se caracterizarem tais momentos ou períodos é indispensável ter em mente que se trata de uma realidade histórico-literária (e não de outro tipo, como, por exemplo, política, econômica ou intelectual); e isto significa que ao se caracterizar a literatura, por exemplo, do século XVI, deve-se definir o que foi nesse momento a arte literária clássica, e não o que foi a vida econômica, caracterizada pelo mercantilismo, ou a vida política, de tipo imperialista. E ao se rotularem os períodos é necessário ter em conta que as palavras usadas não podem ser arbitrárias, mas aquelas que são convencionalmente aceitas pelos especialistas em História Literária, o que é caso de palavras como Classicismo, Barroco, Arcadismo, Romantismo, Realismo, Simbolismo, Modernismo, etc.

7.º — Ao se estabelecer o nexo entre os períodos de uma história literária é necessário partir de um "modelo" de evolução; por exemplo: a evolução da literatura segundo as modas literárias (evolução estética) ou segundo a evolução da história geral (política, social, econômica, intelectual). Naturalmente o primeiro modelo é o mais adequado, de vez que se trata de história literária e não de outro tipo. Mas o importante a este respeito não é discutir a preferência por este ou aquele modelo; o importante é que se escreva uma história literária segundo um só "modelo" de evolução.

A simples lista destes postulados (propositadamente apresentados aqui em termos teóricos) mostra que a História Literária é hoje uma atividade que exige alta especialização e muito trabalho de investigação e reflexão. Por isso, enquanto se multiplicam os críticos, muito reduzido é o número de historiadores da literatura.

Conclusão.

A história literária (entendida como vida literária) é uma realidade extremamente complexa, cujos fenômenos (fatos, relações entre esses fatos, evolução) ainda não chegamos a perceber completamente. Sendo assim, temos de compreender que as histórias literárias que lemos são apenas esquematizações da complexa evolução da vida literária dos países; e é preciso não esquecer que essas esquematizações variam de historiador para historiador, como é o caso de nossas histórias da literatura brasileira: umas, como a de Sílvio Romero (*História da Literatura Brasileira*, 1888) apresentam toda a produção intelectual do Brasil e procuram mostrar as relações entre a literatura e a história geral do Brasil (política, social, econômica); outras, como a que dirigiu Afrânio Coutinho (*A Literatura no Brasil*, 1955-1959), se ocupam apenas da literatura de caráter artístico (poesia, ficção, teatro) e de suas sucessivas tendências ou períodos estéticos.

QUESTIONÁRIO

1. Que distinção existe entre história literária e História ou Historiografia Literária?
2. Qual foi, em síntese, a evolução da História Literária?
3. Que é um período literário?

TEMAS PARA INDAGAÇÃO E REFLEXÃO

1. Reflita sobre as razões que determinam as constantes modificações na história literária.
2. A evolução da história literária é no sentido de um constante aperfeiçoamento artístico ou apenas no sentido de constantes modificações?
3. Por que é importante estudar a história literária?

LEITURA COMPLEMENTAR

História literária

O problema de escrever a história de um período será, em primeiro lugar, um problema de descrição: temos de discernir a decadência de uma convenção e o surto de uma nova. A razão pela qual esta modificação nas convenções se deu naquele momento particular constitui um problema histórico insolúvel em termos gerais. Um dos tipos de solução para ele propostos parte do princípio de que no desenvolvimento literário se atinge um estádio de exaustão que requer o aparecimento de um novo código. Os formalistas russos designam este processo por "automatização", querendo significar que os artifícios da arte poética, efetivos no seu tempo, se tornam tão comuns e batidos que os leitores acabam por ficar imunizados contra eles e anseiam por algo diferente — algo, presumivelmente, antitético ao anterior. O esquema de desenvolvimento é uma alternância de vaivém, uma série de revoltas sempre conducentes a novas "atualizações" de dicção, de temas e de todos os outros recursos. Mas esta teoria não esclarece a razão por que o desenvolvimento tem de progredir na direção que tomou: simples esquemas de vaivém são manifestamente inadequados para descrever toda a complexidade do processo.

René Wellek e Austin Warren, *op. cit.*, p. 336.

TERCEIRA PARTE

RELAÇÕES DA TEORIA DA LITERATURA COM OUTRAS DISCIPLINAS

CAPÍTULO I

RELAÇÕES DA TEORIA DA LITERATURA COM AS DEMAIS DISCIPLINAS LITERÁRIAS

Sumário: Várias maneiras de tratar o fato literário. As disciplinas literárias e suas mútuas relações. Conclusão. *Questionário. Temas para indagação e reflexão. Leitura complementar.*

Várias maneiras de tratar o fato literário.

Vimos, no primeiro capítulo, que há várias maneiras de tratar o fato literário e que cada uma dessas maneiras é uma disciplina do amplo campo dos Estudos Literários; é o caso da Teoria da Literatura, da Análise Literária, da Crítica Literária e da Historiografia Literária. Cada uma destas disciplinas caracteriza-se por ter seus princípios, seus objetos de estudos e seus objetivos. Da Teoria da Literatura falou-se até o capítulo anterior, e creio ficou suficientemente claro o que estudam os teóricos da literatura e que importância têm suas cogitações, tanto para outros especialistas da literatura, como para as pessoas que se interessam pelo que ocorre na vida literária. Cabe, portanto, agora, caracterizar as demais disciplinas literárias para vermos que relações mantêm com a Teoria Literária e entre si.

As disciplinas literárias e suas mútuas relações.

O ponto de partida dos estudos literários tem de ser a Análise Literária, pois é a análise de uma obra que nos permite compreendê-la e falar de seus elementos e de suas relações com outros fatos literários (o autor, o leitor, o público, a história literária). A Análise Literária, que trabalha com vários métodos e se aplica à estrutura da obra (linguagem, estilo, gênero) e ao seu conteúdo (realidade, como vimos, imaterial) é, assim, o primeiro passo para se chegar aos fatos de que se ocupa a Teoria da Literatura, e é também o primeiro passo para se chegar à crítica da obra e ao estudo de sua situação histórica. Conclusão: não é possível fazer Teoria, Crítica e Historiografia Literária sem começar por fazer rigorosa análise das obras.

A Crítica Literária é, por seu lado, uma disciplina que se caracteriza pelo fato de se interessar apenas por aquilo que, na obra, é um valor. Esse valor pode ser artístico, moral ou intelectual; e para medir esses valores os críticos estabelecem critérios ou escalas; essas escalas chegam sempre a um grau ideal de qualidade, nem sempre atingido pelos escritores, a não ser os autores de obras-primas. A Crítica artística, moral e intelectual é importante para o analista, para o historiador e para o teórico da literatura, porque lhes indica as obras que têm valor e merecem ser consideradas.

Sem o trabalho do crítico os demais especialistas da literatura perder-se-iam na imensa massa de obras escritas, muitíssimas delas sem qualquer valor e, portanto, sem interesse de estudo.

A Historiografia ou História Literária é aquela disciplina que indica a situação das obras, dos autores e demais fatos literários em relação ao tempo e aos lugares. É importante para o analista da literatura, para o crítico e para o teórico porque situa o fato que estudam, cronológica e geograficamente, e assim lhes permitem compreendê-lo melhor. Analistas, críticos e teóricos da literatura não poderiam estudar, por exemplo, uma tragédia grega, um romance romântico, um poema concretista, nem situar tais obras nos seus contextos históricos e nos seus países.

Conclusão.

Se bem autônomas nos seus princípios, nos objetos, nos métodos de trabalho e objetivos, as várias disciplinas literárias mantêm entre si estreitas relações e se auxiliam mutuamente. Isto, entretanto, não significa que a prática de uma exige igual prática das demais; e a este propósito há que ter em mente que, dado o desenvolvimento de cada uma dessas disciplinas, já não é possível dominá-las no seu conjunto; para cada uma se exige, atualmente, formação especializada, além, evidentemente, de vocação.

QUESTIONÁRIO

1. Quais as disciplinas que constituem os Estudos Literários?
2. Qual a disciplina que serve de base aos Estudos Literários?
3. Por que não é possível, em nossos dias, a uma pessoa, dominar todos os Estudos Literários?

TEMAS PARA INDAGAÇÃO E REFLEXÃO

1. Das disciplinas literárias qual lhe parece, em princípio, a mais fácil?
2. Das disciplinas literárias qual a mais objetiva, a Análise Literária ou a Crítica Literária?
3. O Estudos Literários estão, como você aprendeu, inter-relacionados. Poderá você explicar a razão desse inter-relacionamento?

LEITURA COMPLEMENTAR

Crítica dogmático-hedonista

Ao penetrar nos domínios da Crítica Literária, convém delimitar o século XIX dos anteriores, porque nele a crítica literária atinge sua maioridade, transforma-se de simples atividade esporádica em gênero literário, com seus mestres, seus discípulos e seus corpos de doutrina.

Divagando sobre a crítica daqueles séculos, pareceu-nos que, salvo breves desvios, repousava sobre um fundamento comum: o prazer e o dogma. Por isso, à crítica anterior ao oitocentos, denominamos dogmático-hedonista.

Neste capítulo, apontaremos alguns exemplos críticos, antigos e modernos, em apoio de nossas afirmativas. Somente alguns, pois este ensaio não tem pretensões de visão panorâmica.

O problema do belo é filosófico e as obras de arte apresentam-se como soluções distintas da questão. De duas maneiras se pode enfocar o problema: começando de cima ou começando debaixo. No primeiro caso especula-se sobre a essência do belo (como fizera Platão) e dessa indagação inferem-se normas *a priori,* que os artistas executam. No segundo, estudam-se as obras, isto é, as soluções que, por instinto próprio, os artistas apresentam, e por via indutiva se aponta o problema do belo. Faz-se Filosofia da Arte, e os princípios que dela emanam são *a posteriori* e, portanto, empíricos.

Carmelo M. Bonet, *Crítica Literária,* S. Paulo, Editora Mestre Jou, 1969, p. 7-8.

CAPÍTULO II

RELAÇÕES DA TEORIA DA LITERATURA COM OUTRAS DISCIPLINAS

Sumário: Introdução. Naturais relações da Teoria Literária com outras disciplinas. Conclusão. *Questionário. Temas para indagação e reflexão. Leitura complementar.*

Introdução.

Quando lemos, por exemplo, um poema sentimental, somos levados, naturalmente, a pensar no caráter do poeta e nas suas reações afetivas, isto é, somos levados a pensar na sua psicologia; e quando lemos um romance histórico, não podemos deixar de pensar na realidade histórica que ele expressa. Daí concluirmos que a obra literária, conforme seu assunto, leva-nos a pensar em outras realidades, que já não são a obra lida. E nesta ordem de idéias é também natural imaginarmos que o conhecimento de determinadas disciplinas, como a Psicologia, a História, etc., deve ajudar-nos a compreender aquelas obras cujo assunto se liga a essas mesmas disciplinas. Todo este modo de pensar está certo; procuremos, contudo, torná-lo mais rigoroso, para evitar confusões muito comuns a respeito das relações dos Estudos Literários e, particularmente da Teoria da Literatura, com outras disciplinas do conhecimento.

Naturais relações da Teoria Literária com outras disciplinas.

Um teórico da literatura, para compreender os vários fatos de que se ocupa (a obra, o autor, o leitor, etc.) tem, freqüentemente, de recorrer a outras disciplinas de estudo, como por exemplo: a Lingüística, que estuda a linguagem e, portanto, o meio de comunicação entre o autor e o leitor; a Estilística, que estuda, na linguagem, os processos que aumentam seu poder expressivo; a Psicologia, que estuda o psiquismo humano e, por conseguinte, permite compreender o ato criador do escritor e as reações do leitor; a Sociologia, que estuda os fenômenos sociais e, assim, permite compreender o que se passa com o público das obras; a História, que estuda a evolução das culturas, de que faz parte a vida literária e, deste modo, ajuda a compreender os fatos literários, particularmente as mudanças que ocorrem nas obras, tanto na forma como no conteúdo. Todas estas disciplinas, bem como outras, tal o caso da Filosofia, da Mitologia, da Religião, são, não apenas úteis à Teoria da Literatura, mas muitas vezes necessários apoios. Como falar, por exemplo, da obra literária e de seus meios de expressão, sem recorrer à Lingüística e à Estilística? Como falar da criação literária, sem contar com a Psicologia? Como praticar a Crítica sem conhecer a Filosofia dos valores estéticos e éticos e a teoria do conhecimento? Como falar do meio ambiente das obras, sem o auxílio da Sociologia?

Há, assim, estreitas relações entre a Teoria Literária e outras ciências humanas. E se bem virmos essas relações, a recíproca é verdadeira, pois a Lingüística, a Estilística, a Psicologia, etc., não podem deixar de recorrer, continuamente, aos Estudos Literários e, muito em particular, à Teoria da Literatura, pois o objeto de estudo destas disciplinas é, algumas vezes, a obra literária.

Conclusão.

As considerações que acabam de ser feitas não nos devem levar à conclusão de que, para estudar Teoria Literária, devemos ser enciclopédicos. Nada disso; o que devemos concluir é que a Teoria Literária, como qualquer disciplina de conhecimento, exige, para seu estudo, uma cultura geral naquelas disciplinas que se relacionam com ela; e cultura geral não é enciclopedismo, mas apenas uma orientação em vários ramos do saber.

E assim chegamos ao fim desta Introdução à Teoria da Literatura. Como sua finalidade não foi formar um especialista na matéria, mas apenas orientar os leitores nesse campo de trabalho, creio que essa orientação fica dada e pode ser proveitosa aos que desejam uma iniciação nos Estudos Literários.

QUESTIONÁRIO

1. Por que existem relações entre os Estudos Literários e outras disciplinas?
2. Cite algumas disciplinas com que se relacionam os Estudos Literários.
3. Cite algumas disciplinas que não pertencem aos Estudos Literários, mas se interessam pelo problema da criação literária.

TEMAS PARA INDAGAÇÃO E REFLEXÃO

1. Poderíamos não apenas sentir mas compreender um poeta lírico sem noções de Psicologia?
2. A Teoria da Literatura poderia constituir-se numa disciplina sem o auxílio das demais disciplinas literárias e de algumas outras disciplinas, como a Psicologia, a Sociologia, a História?
3. Os conhecimentos da Teoria Literária podem ser úteis aos psicólogos, aos sociólogos, aos lingüistas?

LEITURA COMPLEMENTAR

Literatura e Psicologia

Por "psicologia da literatura" podemos querer significar ou o estudo psicológico do escritor como tipo e como indivíduo, ou o estudo do processo da criação, ou ainda o estudo dos tipos e das leis que estão presentes adentro de obras literárias, ou, finalmente, os efeitos da literatura sobre os leitores (psicologia do público). A quarta acepção estudá-la-emos no capítulo "Literatura e Sociedade"; as outras três serão discutidas, uma a uma, neste. As duas primeiras são subdivisões da Psicologia da Arte: embora por vezes possam ser utilizadas como aliciantes processos pedagógicos de estudar a literatura, devemos repudiar qualquer tentativa de valoração das obras literárias em função das origens desta (a chamada falácia genética).

A natureza do gênio literário sempre provocou especulações e já no tempo dos gregos era concebida como aparentada à "loucura" (que devia ser glosada como toda a gama da neurose à psicose). O poeta é o "possesso": é diferente dos outros homens, simultaneamente mais e menos do que êles; e o inconsciente que lhe dita as falas é tido como sub ou supra-racional, ao mesmo tempo.

....

Jung é autor de uma complicada tipologia psicológica segundo a qual cada um dos quatro tipos baseados na predominância, respectivamente, do pensamento, do sentimento, da intuição e da sensação se divide, por sua vez, em "extravertido" e "introvertido". Ao contrário do que poderia supor-se, não classifica todos os escritores no tipo intuitivo-introvertido ou, mais genericamente, na categoria do introvertido. E, para maior defesa contra a excessiva simplificação, observa que alguns escritores revelam nas suas criações o tipo em que se inserem, ao passo que outros revelam seu antitipo, o seu complemento.

René Wellek e Austin Warren, *op. cit.*, p. 103-104.

Orgrafic
Gráfica e Editora
tel.: 25226368